明史 4
最后的较量

王光波 编著

浙江工商大学出版社
·杭州·

图书在版编目（CIP）数据

明史/王光波编著.—杭州：浙江工商大学出版社，2022.9（2024.1 重印）

（有料更有趣的朝代史/胡岳雷主编）

ISBN 978-7-5178-4932-2

Ⅰ.①明… Ⅱ.①王… Ⅲ.①中国历史—明代—通俗读物 Ⅳ.① K248.09

中国版本图书馆 CIP 数据核字（2022）第 073053 号

明 史
MING SHI

王光波 编著

责任编辑	任晓燕
责任校对	韩新严
封面设计	吕丽梅
责任印制	包建辉
出版发行	浙江工商大学出版社 （杭州市教工路 198 号 邮政编码 310012） （E-mail: zjgsupress@163.com） （网址：http://www.zjgsupress.com） 电话：0571-88904980，88831806（传真）
排 版	北京东方视点数据技术有限公司
印 刷	唐山富达印务有限公司
开 本	787mm×1092mm 1/32
印 张	28
字 数	596 千
版 印 次	2022 年 9 月第 1 版 2024 年 1 月第 2 次印刷
书 号	ISBN 978-7-5178-4932-2
定 价	198.00 元（全四册）

版权所有 侵权必究

如发现印装质量问题，影响阅读，请和营销与发行中心联系
联系电话 0571-88904970

目　录

第一章　隆庆：让他们玩吧，我是过客

穆宗受伤了 _ 003

算你狠，我们走着瞧 _ 008

徐阶这一辈子 _ 014

为了理想，整人是必须的 _ 019

高拱，下台走人 _ 024

第二章　大明王朝的皇帝改姓张了

老办法新花样 _ 031

改革的悲剧 _ 036

边境安宁，国泰民安喽 _ 040

看不顺眼就要闹 _ 045

是谁给了你"夺情"的借口 _ 050

第三章　万历：我练的不是贱，是无奈

张居正大人 _ 057

抄家伙，出气的时候到了 _ 062

皇帝休长假 _ 066

扑朔迷离的梃击案 _ 070

女真兴起 _ 076

第四章　朱常洛的悲摧生涯

皇帝很烦恼，皇帝不高兴 _ 083

儿子终于可以读书了 _ 088

册立太子：总算熬到头了 _ 092

泰昌的大限到了 _ 097

智斗郑贵妃 _ 101

一颗丸子要了命 _ 105

第五章　魏忠贤：极品太监的典型代表

被命运挑选的人，注定不会漏网 _ 113

奉圣夫人的架子 _ 119

背叛朋友的人 _ 124

被清理的王安 _ 129

螳螂捕蝉，黄雀在后 _ 135

汪文言被害 _ 141

下一个殉道者：杨涟 _ 147

成为"九千九百岁爷爷" _ 153

第六章　当皇帝成为杰出木匠的时候

张皇后来了 _ 161

继位是件靠谱的事 _ 165

崇祯的不眠夜 _ 170

干掉这个太监 _ 175

第七章　孙承宗：这个大学士太牛啦

生在战火中，长在铁蹄下 _ 183

平步青云有道理 _ 188

找到了一块金子 _ 194

虎将来了还怕谁 _ 199

豺狼来了，迎接它的是火炮 _ 205

认真地活，忠烈地死 _ 211

日月无光，天黑黑 _ 216

第一章

隆庆：让他们玩吧，我是过客

穆宗受伤了

嘉靖四十五年（1566年）十二月中旬某日，朝野沉浸在一片无以言说的氛围之中，明世宗驾鹤西归，有人欢喜有人忧。

嘉靖自正德十六年（1521年）即位，在皇帝的宝座上度过了45个春秋。对于他的评价，历来颇有争议，论及其功过是非，我们可以分两个阶段。

嘉靖在初登大业的几年里，可谓英明神武，其功可与开国皇帝朱元璋相提并论。除采取了历代新君例行的大赦、蠲免、减贡、赈灾等措施外，还整顿朝政，改变内监擅权的局面，使乌烟瘴气的朝廷风气为之一新，对外则是，"凡系冒滥请乞及额外多占者悉还之民"。

让人惋惜的是，嘉靖终究是新官上任三把火，"壬寅宫变"之后，嘉靖性情大变，真是一朝被蛇咬，十年怕井绳。嘉靖开始潜心于养生修道，求长生不老，宠幸道士不说，更是置朝政于不顾，竟然二十余年不回大内，这在中国历代皇帝中可谓独树一帜，前所未有。长期服用丹药的世宗，身体一日不如一日，最终命丧于此。

虎头蛇尾的规律是众多世人无法逃脱的一道栅栏，那些家喻户晓的伟人，依旧如此。当初的雄心伟志遭遇现实这块绊脚石，再加上客观条件的种种限制，于是，一切雄心都显得微不足道，然后无能为力了。

嘉靖离开了，历史没有因他而停滞不前，日子依旧在既定轨道上有条不紊地前行。

嘉靖四十五年（1566年）年底，皇宫内，朱载垕的登基仪式正按部就班地进行着。朱载垕被任命为接班人，可以说部分是得益于运气。

朱载垕是嘉靖的第三子，其母杜康妃姿色一般，又没有强大的后台背景，因此不得嘉靖宠爱。所谓母凭子贵在杜康妃这里并没有得到验证，朱载垕的出生没有引起多大的反响，一说其母不得宠爱，二说嘉靖已有两个皇子，物以稀为贵，皇宫之内这个道理依旧成立。

世事难料，嘉靖的长子朱载基，在刚刚出生不久就夭折了。二子朱载壑，被立为太子，但是在嘉靖二十八年（1549年）也死去了。

嘉靖十八年（1539年），朱载垕被封为裕王。嘉靖三十二年（1553年），朱载垕出居裕王邸，开始独立生活。这一年朱载垕16岁，依现在的标准来看，是一个还在父母身边撒娇的年龄。

两个儿子相继离去，可谓白发人送黑发人，嘉靖深受打击。按理说，朱载壑死后，好运将要降临到朱载垕身上。但是，事情并没有按照想象中的程序进行。有些时候，某些人无关紧要的一句话却能够改变一个人的命运。

心灰意冷的嘉靖开始宠幸道士，恰逢在这个时候，一个道士进言"二龙不相见"。这世宗便以此为由不再立太子。距离太子之位只有一步之遥的朱载垕，因为道士的一句话就被拒之门外了，朱载垕有气却只能往肚子里面咽。

外在的危机让朱载垕不敢有丝毫的懈怠，世宗有八个儿子，英年早逝者居多，三子朱载垕和四子朱载圳是硕果仅存的两个。朱载圳的母亲正受嘉靖宠爱，嘉靖的天平会不会偏向四子那里也未可知，在这样的未知和惶惑中，朱载垕处处压抑着自己。

长时间的压抑给年幼的朱载垕留下了心理阴影。在裕王府的13年里，朱载垕如履薄冰，对父皇嘉靖更是毕恭毕敬，不敢有半点儿忤逆。战战兢兢的朱载垕最害怕的事情就是跟父皇打交道，因为生怕出丁点儿的差错，这种心理上的长久恐惧对他后来的性格形成有着重大的影响。

也许上天对朱载垕有着莫名的偏爱，嘉靖四十四年（1565年），朱载垕的最大竞争对手朱载圳去世，朱载垕终于可以高枕无忧了。毫无疑问，这个皇位朱载垕是坐定了，他现在所能做的就是等待，等待父皇归西的那一天。

历史并没有让朱载垕等太久，这一天终究是来了。嘉靖四十五年（1566年），朱载垕怀着复杂的心情登上觊觎已久的皇位，是为穆宗，年号隆庆。跟多数初登基的皇帝一样，朱载垕怀着雄心壮志，准备大展宏图，一鸣惊人。

纵观穆宗种种，我们不能怀疑他的雄心壮志，《明史·穆宗本纪》也称其为"令主"。穆宗从嘉靖四十五年（1566年）即位到隆庆六年（1572年）去世，在位仅仅六年，被评价为"继体守文，可称令主"，这是非常难能可贵的。张居正也毫不吝啬赞美之词："上（穆宗）即位，承之以宽厚，躬修玄默，不降阶序而运天下，务在属任大臣，引大体，不烦苛，无为自化，好静自正，故六年之间，海内翕然，称太平天子云。"

登基伊始的穆宗，自然要办些大快人心的事情，第一个开刀的就是道士群体。穆宗本身对道士就有着无以言说的憎恶，那句"二龙不相见"让他莫名受了数不清的冤枉苦，此时手握大权的他，便毫不客气地把矛头指向了他们。

虽然这是一个包含着众多私心因素的举措，受益群却极大。一方面，对于朝政来说，一股污秽之气被清除，政治清明了不少，法度也更加修明；另一方面，此举也减轻了百姓的负担。此措深得人心，人人竖起大拇指，穆宗的虚荣心也大大得到了满足。

意气风发的穆宗昂首挺胸，后宫嫔妃突然之间发现她们的夫君原来也可以这么伟岸，对他的敬仰一时之间有如滔滔江水连绵不绝。穆宗的男子汉气概一发而不可收，当即表示要给后宫拨款犒劳。

穆宗处事一向低调，更是以勤俭节约闻名，平素更是布衣素食，一切从简。皇帝如此，后宫之中哪里敢奢华。此次皇帝既然开了金口，后宫嫔妃个个满怀期望，翘首等待。只怕塞上牛羊空许约，终究是黄粱一梦。

作为一个皇帝，想犒劳一下后宫嫔妃，这本是无可厚非之事。只是这事到了穆宗这里，似乎就不是一件轻而易举的事情了。

原因很简单，穆宗没有钱，这话听起来简直是滑天下之大稽，一国之君，竟然没有钱，这是怎么回事？在明代，皇帝都有自己的私房钱，那就是内库，这部分钱维持着皇室的日常开支，但是到了穆宗时，内库已经被搜刮一空，这大都是世宗的"功劳"。"世宗营建最繁，十五年以前，名为汰省，而经费已六七百万。其后增十数倍，斋宫、秘殿并时而兴。工场二三十处，役匠数万人，军称之，岁费二三百万。"(《明史》卷七八) 世宗大兴土木，更是大肆奖赏道士，内库更无分文，简直是一穷二白。

夸下海口的穆宗只得厚着脸皮向户部要钱，此时的户部长官是马森，马森是个铁面无私的人，更不懂得溜须拍马。马森先是对穆宗盘查一番，穆宗支支吾吾说得理不直气不壮，马森一听，三寸不烂之舌马上工作起来，长篇大论说得头头是道，总归一句话，钱是不能给的。

碰了一脸灰的穆宗垂头丧气回去了，一肚子的怨气无处发作。面对着后宫嫔妃期待的眼神，穆宗是怎么也神气不起来了。此时的穆宗严重受挫，一国之君，竟沦落至如此地步，委屈、愤怒一股脑地涌上心头。唉声叹气，却也无可奈何。

算你狠，我们走着瞧

天下没有不漏风的墙，穆宗请求户部拨款的事情在第二日便一传十、十传百地散开了。这种爆炸性的新闻，言官必定会拿来炒作一番。于是，一道道指责的奏章像雪片一般飘到穆宗的案几上去，穆宗顿感寒冬袭来，不禁打了一个寒战。

穆宗刚刚平稳的心，再次涌起了波澜，他有些招架不住了。他叹息着，没有人能够体会他内心的痛苦，当踌躇满志的兴致遭遇现实的壁垒，惊慌失措之后的沮丧，然后的无奈，这些无时不一次又一次撞击着穆宗受伤的心灵。

天气很好，秋风清爽，盛期菊花朵朵，开得如此卖力，仿佛要倾尽其生命。这是一个硕果累累的季节，穆宗想象着自己的子民丰收的景象，嘴角上扬，却是一脸的苦笑。自己也多想倾其所能，为这个盛期的国家做点儿事情，可是却是如此的难。一个一个的拦路虎，让自己无路可去。

钻入死胡同的穆宗久久不能从失落中恢复，雄心壮志慢慢萎缩，他一遍一遍地问："大明，我拿什么拯救你？"这份担子实在是太重，穆宗不想承担了，他想到了推卸责任。那么，谁才是合适的人选呢？穆宗想到了身边的高拱、张居正和陈以勤，他们三人都是东宫官僚。

高拱是穆宗的老师，自穆宗为裕王时就跟随左右，有十三年之久，感情深厚，可谓心腹。张居正是高拱的至交好友，又是徐阶的得意门生，与陈以勤同为穆宗身边的讲官。

翌日，穆宗就令时任礼部尚书的陈以勤和时任吏部左侍郎的张居正同时入阁，这二人的加入为内阁注入了新鲜血液，同时也使得内阁成员的斗争矛盾更加复杂化。至此，内阁成员增至六人，由首辅徐阶统领。

正当内阁重组之时，一个不安分的人再次站出来，挑起了是非，此人乃是胡应嘉。胡应嘉我们在前面也提到过，嘉靖三十五年（1556年）进士，祖父胡琏与徐阶是同乡。

胡应嘉的第一次出场是在嘉靖末年，世宗病危之时，时任吏部给事中的胡应嘉向皇帝上书，弹劾高拱"不忠"。在这样一个注重忠义的时代，若是落得一个不忠的罪名，那简直就要遗臭万年，高拱感觉事态严重，似要大祸临头一般，况且他本是个爱面子之人，其忠心不容置疑。

高拱在世宗还未表态之前，立即上书为自己申辩，恰逢世宗昏睡不醒，不省人事，有惊无险，这事就这么被压了下来，此事算是告一段落。

惊出一身冷汗的高拱，冷静下来，将此事前前后后仔细想了一个遍。这胡应嘉平素虽总是笑脸相迎，溜须拍马，却是个笑里藏刀的笑面虎。自己与他无冤无仇，他却总是跑来找碴，莫非背后有人主使？

高拱这样想似乎也合情合理，有根有据，前些日子，胡应嘉弹劾了工部左侍郎李登云。这李登云跟高拱有着一层亲戚关系，李登云被罢官，高拱对胡应嘉本就有几分积怨，此次，胡应嘉竟然欺负到自己的头上来了，高拱雷霆大怒，这个梁子算是结大了。

这胡应嘉纵使有再大的胆子也不敢如此妄为。这捕风捉影的诬告，饱含杀意，明明就是想置自己于死地。更让人难以理解的是，高拱自认为在此之前并没有得罪胡应嘉，这胡应嘉没有理由跟自己如此过不去，非要自己的性命不可。

那么，这个背后主使人是谁呢？高拱这样想着，自然而然想到了徐阶，他的头号敌人。徐高矛盾由来已久，这是尽人皆知的事实，一山不容二虎，两人非要斗个你死我活，争出高低。

胡应嘉置自己的生死于不顾，拿这种子虚乌有的诬告，奋起一击，他应该明白其中不成功便成仁的结局。胡应嘉他没有这么傻，那么唯一的解释就是，他有后台，有强有力的靠山。这个人是徐阶，只能是徐阶。高拱此刻就这么断定了，尽管没有任何的证据。

胡应嘉冒着生命危险，本想给高拱致命一击，只是天不遂人愿，高拱侥幸逃脱。得罪了内阁要员，按理说这胡应嘉本该战战兢兢，夹着尾巴做人，可是他既没有辞职，也没有被罢官，依旧高调处事，越发肆无忌惮，看谁不顺眼，照旧参一本。

胡应嘉的种种行为似乎更加印证了高拱的猜测，胡应嘉有强大的后台，所以他才会有恃无恐。纵使高拱心中再怎样愤恨，也不敢轻举妄动，徐阶这个老江湖不是好对付的，搞不好弄巧成拙，满盘皆输。冲动是魔鬼，高拱劝诫自己忍耐，忍耐，再忍耐。

高拱满腹委屈却无处发泄，沮丧之时，胡应嘉自动送上门来，真是天上掉馅饼的好事。高拱精神为之一振，冷哼一声，小样，你就等着瞧吧。该是自己出马的时候了，高拱整装待发，跃跃欲试，做好了战斗的准备。

胡应嘉这纯粹是自找麻烦，原来他还是闲不住，弹劾主持京察的吏部尚书杨博。

京察是考核官员的一种制度，明朝京官六年一考，被称为"京察"。考核结束后要上报考核成绩，考核成绩一般分为四种：称职、平常、不称职、贪污阘茸。依据四种不同的考核结果，又制定了不同的处分措施：称职者升职，不称职者降职，平常者不升亦不降，而贪污者将承担司法责任，阘者罢免。更有甚者，永不录用。

此次京察，考核对象为五品及其以下官员。对于这些官员来说，京察非同小可，自然会有众多官员下野。主持此次京察的是吏部尚书杨博。杨博是山西人，在朝中颇有威望，可谓元老级的人物，严世蕃曾将之归为"天下三杰"。内阁成员对他犹礼让三分，毕恭毕敬。

京察结束后，不知天高地厚的胡应嘉竟然上疏弹劾了杨博，这在朝野引起了轩然大波，一片哗然，其中不乏看好戏者，也有佩服其勇气者，更有为其捏了一把汗者。敢在老虎眼皮底下拔毛，这还真是胆大妄为。

按胡应嘉所说，原来此次京察，罢黜了一批官员，其中还包括两个言官。当中却无一山西人，也就是杨博的老乡没有一个。这就不禁让人联想翩翩，杨博手握大权，凭着这层关系，要放过一个人，罢免一个人，那是轻而易举的事情，"包庇山西同乡"这徇私舞弊的罪名就这样落到了杨博的头上。

只是，胡应嘉眼下得意扬扬还为时过早，他忽略了一个问题。胡应嘉本人作为杨博的助手，也曾参与了京察，按说，他本该在京察中就提出这个问题，如今却拿出来大做文章，不免有失职之嫌。

在旁等候多时的高拱敏锐地抓住了这样一个漏洞，于是，舆论的矛头转移了，胡应嘉片刻间成为众矢之的。在官场摸爬滚打了多年的官员，自然识得时务，一边是政界元老，外加一个高拱，都不是好惹的人物，另一边是一个整日惹是生非的言官。"正义"的天平从一开始就不能平衡，结局已经注定。

没有任何疑问，"胡应嘉党护同官，挟私妄奏，首犯禁例，罢黜为民"。胡应嘉搬起石头砸了自己的脚，一步一回头地卷铺盖走人。徐阶，那个在背后一直力挺他的人，依旧一副泰然自若的样子，自始至终没有任何表示。胡应嘉彻底失望了，官场上没有真正的情谊，无非是相互利用罢了。罢了，罢了，胡应嘉叹息着，不再迟疑，决然离去。

高拱出了一口恶气，满心欢喜，可是高拱未免高兴得太早了，所谓螳螂捕蝉黄雀在后，一场暴风骤雨即将来临。

胡应嘉被罢免的事情散布开来，传言一波高于一波。胡应嘉作为言官的一个代表被革职，这对于言官来说，似乎是一个杀一儆百的征兆,言官敏感的神经被调动起来了。而可怜的高拱因为在胡应嘉罢黜事件中起着煽风点火、推波助澜的作用,于是成为言官群攻的一个对象。

言官纷纷上书,弹劾高拱滥用职权,压制言论,阻塞言路。高拱不紧不慢,几个小喽啰,成不了什么大气候,事情还在高拱的控制范围内。

最后,此事惊动了兵部给事中欧阳一敬,高拱紧张了,感觉事情已经失控。高拱的担心不是杞人忧天,欧阳一敬不是简单人物,人称"骂神",在他的弹劾之下下野的人可谓如过江之鲫,数不胜数。

欧阳一敬一出,事态立即升级,战争的火药味更加浓烈,气氛更加紧张。言官有了领导,立即团结起来,将弹劾高拱之事推向高潮,令高拱防不胜防。

有仇的报仇,有冤的报冤,压力越来越大,高拱招架不住了,纵使有穆宗的庇护,这以后在朝廷之中也无立足之地。高拱无可奈何,迫不得已卷铺盖走人了,步了胡应嘉的后尘。

徐阶这一辈子

徐阶轻而易举取得了这场战争的胜利，高拱终究是走了，纵使穆宗再怎么伤心也无力阻止，只能看着亲近的人一个个离去，穆宗的无力让其开始纵情于吃喝玩乐，对黄金珠宝的追求到了无以复加的地步，对于物质的追求哪是用一个狂热可以形容，其好色程度在明朝历史上也是罕见。

皇帝如此作为，让人不禁疑问，大明将要走向何方。在徐阶只手遮天的朝野中，幸好还有那么几个正义之士，不然大明的前途让人堪忧。

在世宗堕落的时候，有个人在政坛上活跃起来，此人乃是我们的老熟人，海瑞。此前海瑞因为刚正不阿地批评世宗而入狱，嘉靖四十五年（1566年），明穆宗继位，宣布大赦，把海瑞、何以尚等人释放出狱，官复原职。

刚刚出狱的海瑞仍不安分，给穆宗连上两份奏折，陈述自己的鸿鹄之志，其中夹杂着众多对朝政腐败的不满。海瑞的奏折犹如给平静的湖水出其不意地投下了一块巨石，激起了层层波澜。

海瑞之名始入穆宗法眼，穆宗对朝政虽越发懈怠，但还算慧眼识人，对海瑞十分赏识。那些善于揣摩皇帝心思的人，立即明白了穆宗的意思。

于是，海瑞的官运便顺利得一发而不可收，官复原职不说，后又调任南京通政司，不久，被调回京师在通政司衙门担任要职。穆宗对此仍不满意，海瑞又当上了大理寺丞，专门审理案件。

这大理寺丞是正五品的官员，以如此快的速度被提拔，这按照常理来讲实属罕见。海瑞一鼓作气，在这意气风发之际，一举将自己推向了另一个高峰，担任了都察院右佥都御史，总管粮道，巡抚最富庶的应天府。

由当初的一个芝麻官大小的教谕成为名副其实的高级官员，由阶下囚成为令人敬仰的清官，这不得不让人感叹命运的变化无常，这正印证了一句俗话："祸兮，福之所伏。"

海瑞得以重见天日并且飞黄腾达，一是得益于穆宗的赏识，二是有赖于另一个人的提拔，此人正是徐阶。只是任谁也不能料想，他们日后不仅分道扬镳，还成了水火不容的劲敌。

对于徐阶这个人，在历史上颇有争议。徐阶在嘉靖二年（1523年）以探花及第，授翰林院编修。后来秘密上书揭发咸宁侯仇鸾的罪行，引起世宗的关注并委以重任。

世宗一朝，他是严嵩的政敌，在他的操纵下，严家父子狼狈下台，自己取而代之。嘉靖三十一年（1552年），徐阶入阁，开始了他"辉煌"而又漫长的内阁生涯。众所周知，严嵩权倾天下，是个人人诛之而后快的大奸臣,徐阶联合一些官员将之扳倒,深得人心,这为他赢得了好名声。可以说,这是徐阶人生中的最大亮点。

徐阶在与严嵩的斗争中,忍辱负重,卧薪尝胆,厚积薄发,最终一举铲除严嵩势力,可谓功成名就,此举可以说将其"忍功"发挥到了极致,有人说他是王守仁心学的完美继承者,这一点极其恰当。

当上首辅的徐阶,以"威福还主上,政务还诸司,用舍刑赏还公论"为己任,一改严嵩作为,改革弊政,给予世人宽松的政治环境。于是,"朝士侃侃,得行其意",徐阶的主张受到普遍的支持和热烈的欢迎,一时之间徐阶"良相"的美誉不胫而走。

对于有志之士,徐阶也大力提拔,高拱之入内阁,海瑞之免于死罪,皆仰仗徐阶从中调解,当然这里面难免包含着个人私心的成分。

高拱不仅"英锐勃发"更是"负经济才",在嘉靖四十五年(1566年)三月,经徐阶推荐入内阁。

徐阶提拔高拱主要出于两方面的考虑。一方面,徐阶欣赏高拱才华,高拱于嘉靖四十一年(1562年)在礼部任左侍郎,嘉靖四十二年(1563年)在吏部任左侍郎期间,表现出了卓越才华,这一点我们可以从后人对他的评价中略窥一二,"吏事精核","每出一语,奸吏股栗,俗弊以清"。

另一方面,徐阶出于对自己前途的考虑。高拱是穆宗朱载垕身边的人,从穆宗为裕王的时候就一直追随,十几年的交情,除去君臣身份,他们二人之间必定有深厚的情谊,向高拱示好,无疑是巴结穆宗的一步好棋。

但是，徐阶的如意算盘打得太过于一厢情愿，高拱的个性注定了他不会依附于任何人。羽翼丰满的高拱，必定会逃脱控制，越飞越远，空留徐阶独自叹息，养虎为患。矛盾的日益深化，使这两个人渐行渐远。

所谓冰冻三尺非一日之寒，徐高矛盾由来已久，所谓一个巴掌拍不响，两人对于彼此的不满造成覆水难收的局面。徐阶致力于壮大自己的势力，满怀希望地将高拱拉入自己的羽翼之下，而高拱"阶独柄国，拱心不平"。矛盾种种，无非起源于对权力的追求和执着。

穆宗一朝，跟高拱的矛盾始终贯穿徐阶的政坛生涯，诚如我们前面所说，高拱弹劾胡应嘉反倒被倒打一耙，所谓塞翁失马焉知非福，高拱被迫辞职，回家种地去了。徐阶获胜，徐高矛盾至此告一段落。

海瑞几次遇险，也得益于徐阶的相助。世宗时宠幸道士，终日服用"金丹"以求长生不老，结果却惹来一身病。当时任户部主事的海瑞上书，力陈其失，惹得世宗大怒，盛怒之下要杀海瑞，幸得徐阶好言相劝，只是将海瑞打入大牢，海瑞才免得一死。

徐阶对海瑞不仅有知遇之情，更有救命之恩，只是，海瑞刚正不阿的个性让其不可能与徐阶同流合污，当他发现徐阶大量侵占农田属实的时候，恩怨分明的海瑞对徐阶的印象就大为改观。

海瑞曾经多次对徐阶的所作所为提出异议，认为他凡事自居中间，总是力争避免斗争，做事圆滑，又懂得遇风转舵，朝中形成了这样一种以他为中心的不良风气，应当及时遏制。

徐阶交出部分土地，仍不能满足海瑞的期望，纵使徐阶对海瑞再怎么赏识，挑战了徐阶底线的海瑞，也免不了大祸临头。在徐阶的操纵下，海瑞被赶出了巡抚衙门。

徐阶再怎么只手遮天，也不能抵挡岁月的流逝，徐阶老了，又跟不少当权宦官不和，穆宗宠信宦官这是众人皆知的事情，这个时候得罪宦官不是明智之举，穆宗对他也有众多怀疑，徐阶地位越来越不稳。

隆庆二年（1568年）徐阶在面临众多压力的情况下，上书乞休，告老还乡。

为了理想,整人是必须的

徐阶走了,在他事业的顶峰悄然隐退。这似乎是徐阶一贯的作风,他一向是将中庸贯彻到底。如此作为需要极大的勇气,也许这里面包含更多的是无可奈何。

有人曾将徐阶比作中药里一味甘草,无论什么样的中药都可以加一味,但是其效果却是可有可无,治不好,也坏不了。

这样的评价似乎有欠妥当,徐阶,在今天,还能够引来如此多的争议,必定有其不可或缺性。

后人的一句话对徐阶的评价再恰当不过,说他"立朝有相度,保全善类。嘉、隆之政多所匡救。间有委蛇,亦不失大节……论者翕然推阶为名相"。

徐阶离去,他的政敌,我们的一个老熟人重登舞台,此人乃是高拱。

隆庆三年(1569年)十二月,在高拱至交好友张居正与宦官李芳的共同努力下,归乡一年多的高拱复出,任大学士兼掌吏部。

高拱复出，有人欢喜有人忧。高拱被罢官，乃因大批言官的弹劾，高拱因此与言官结下了梁子。高拱归来，让这些言官备感不安，一时人心惶惶，人人自危。

两个主犯，胡应嘉和欧阳一敬结局之惨烈更是让人叹息。胡应嘉自知对于高拱来说，其罪行不可宽恕，对于高拱复出，那是百般阻挠，只是天不遂人愿，终究是徒劳。这对于胡应嘉来说，无异于死到临头，胡应嘉竟然大骇而死。

欧阳一敬听闻高拱复出，非常识相，赶紧卷铺盖走人，只是高拱这个威胁始终存在，欧阳一敬在回家的途中竟然郁郁而死。

这两人都不得善终，其结局不得不让人感叹，当初如此"大义凛然"的两个人竟然胆小如鼠，这似乎更加印证了这两个人本就是蝇头鼠辈，若是没有徐阶这个强大的靠山，哪里会有那样的胆识。

权力之争如此惨烈，高拱之名如此让人畏惧，听其名而杀身。权势是把无形的剑，能杀人于无形之中，无怪乎如此多的人趋之若鹜。

高拱换上官服，精神抖擞，舒畅无比，嘴角带着迷人的微笑，完全一副无害的神态。庭院内，花依旧红，人依旧在，只是今日之花已非昨日之花，今日之人已非昨日之人。

权力让人陶醉，高拱沉浸其中，甚是惬意。高拱突然想起他的老劲敌——徐阶。能够在权力的高峰见好就收，那需要多大的勇气。高拱冷哼一声，嘴角露出诡异的微笑，高拱的时代就要来临。

朝廷因为高拱的到来而人心惶惶，高拱总要表个态，扫除同僚对他的戒备。这日高拱通过门生的口，向朝野递出了橄榄枝，伸出了友好之手。"华亭有旧恩,后小相失,不足为怨。"后来,又自称"拱当洗心涤虑,以与诸君共此治朝"。

如此种种,朝臣的戒备终于解除了。不时有人向其靠拢,拍他马屁,称赞高拱颇有君子之风,能够容人。高拱在为自己赢得了声誉的同时,也缓和了与言官的矛盾,一时之间,朝廷一派和乐融融,气象为之一新。

然而不久,高拱就自食其言,过往恩怨,高拱终究是放不下的。于是,历史为我们呈现出一个不一样的高拱,其飞扬跋扈、盛气凌人,终究使他以悲剧收场。

时人说:"(高拱)性迫急,不能容物,又不能藏蓄需忍,有所忤触之立碎。每张目怒视,恶声继之,即左右皆为之辟易。"其言其行,可谓是与先前判若两人。高拱,这只披着羊皮的狼,褪去伪装,其仗势欺人的一面终究是暴露出来。

徐阶下台,高拱大权在握,事情便一发不可收拾。高拱"尽反阶所为,凡先朝得罪诸臣以遗诏录用赠恤者,一切报罢",他的黑手先是伸向了海瑞。

隆庆元年(1567年),徐阶的弟弟和儿子遭到弹劾,其罪名为侵占农田,据为己有,可谓当朝恶霸。

海瑞当时气盛,对徐阶又满怀敬仰,十分信任,便不问青红皂白,在没有弄清是非的情况下,联合朝臣,给穆宗上书,把高拱一顿臭骂,请求将其罢免。高拱可以忽视徐阶对他的提拔之恩,却是个有仇必报之人,所谓君子报仇十年不晚,这份旧怨高拱记下了。

不费吹灰之力,在高拱的操纵下,海瑞于隆庆四年(1570年)

从应天巡抚调往南京，后来慑于高拱淫威，被迫称病辞官归田。

在这里有必要说一说海瑞对徐阶和高拱二人的看法，海瑞亲历徐阶与高拱的政治斗争，在斗争中，海瑞的天平一直是偏向徐阶的。对于徐阶，所谓情人眼里出西施，同理，海瑞眼里都是徐阶阳光的一面。与之相反，对于高拱，则是越看越阴暗，越看越不堪。所以，多年以后，当海瑞越来越接近真相的时候，他改变了对二人的看法，不无感慨地说："一时误听人言，二公心事俱未的确。"

高拱归来，徐阶的下属个个倒霉。内阁诰敕房，是专门办理中书事宜的地方，共十人在此供职，均为徐阶亲信。这十人多次通过考核当升迁，但因高拱的干涉，均被晾在一边。这十人无奈便向高拱低头示好，高拱不予理睬不说，还落井下石，不无调侃地说："吾即有应，必不令若曹有侏儒之羡。"其厚颜无耻可见一斑。

尽管徐阶已不问政事，高拱仍不能对当年往事释怀，背后论人是非，上书给穆宗："原任大学士徐阶，当阖门自惧、怡静自养可也。夫何自废退以来大治产业，黜货无厌，越数千里开铺店于京师，纵其子搅侵起解钱粮，财货将等于内帑，势焰熏灼于天下。"言语之犀利，足以让人汗颜，纵使经历了大风大浪的徐阶，也支持不住了。

此次高拱将矛头直指徐阶及其子其弟，且证据确凿，搞得像模像样，穆宗对徐阶本就失去信任，更是宠幸高拱，绝对信任那自是不用说。在高拱的授意下，"阶三子皆就系，拟以城旦，革其荫叙，入田四万亩于官"。四万亩，一个如此庞大的数字，如此看来，徐阶纵容其子侵占农田之事也并非空穴来风，人们的同情似乎在刹那间转化成为罪有应得。

高拱的箭，一支一支地射来，徐阶招架不住了，人在屋檐下不得不低头，徐阶必须投降，不然后果只能是更惨烈。大势已去，徐阶叹息着，提笔给高拱写了那封没有尊严的信，其词之哀，让铁石心肠的高拱也不禁泪湿眼眶，高拱停手了，也许他想到了自己，所谓"兔死狐悲，不无伤类之痛"。于是，两人重修旧好，开始了惺惺相惜的黄金岁月，至少表面上是这样。

徐阶走后，接任其职务的是李春芳，任詹事府詹事的赵贞吉任大学士。所谓"阁臣不理部事，理部事不复予阁务"，但高拱以内阁掌吏部，掌握大权，引起众人的不满，只是众人敢怒不敢言。赵贞吉禀性耿直，便联合李春芳限制高拱。

高拱凭借其铁腕手段和穆宗的庇护，将赵贞吉逼走，独留李春芳战斗，李春芳得罪了高拱，终日惶惶，更无取胜的把握，遂于隆庆五年（1571年）五月退休，高拱如愿以偿，坐上首辅的位子。

高拱的美好生活来了，身居高位，又得穆宗宠幸，颐指气使，那是自然。古人云居安思危，古人又云福祸相依，是福是祸还未可知。

高拱，下台走人

高拱临高远眺，一览众山小，沐浴着春风，惬意无比。虽无宰相之名却已有宰相之实，高拱回味着这句无意之中听来的话，嘴角的弧度更大了，竟禁不住笑出声来。

众所周知，为防止宰相专擅国权，功高盖主，朱元璋借胡惟庸谋反之机废除了宰相制度，将六部直接归皇帝指挥，如此一来，在中国历史上沿袭了一千多年的宰相制度被废除了。

高拱已实如宰相，仍不满足，对于不依附于他的官员一阻挡二打击，直至隐患消除才肯罢休。

有一个人是高拱心底永远的痛，高拱至今仍无法释怀，此人乃是他的老对手，徐阶。在先前的斗争中，年老的徐阶为保家人安危，委曲求全，向高拱低头乞和，高拱一时心软，高抬贵手，放了徐阶一马。

高拱高估了自己的气量，凡是涉及徐阶事宜，高拱敏感的神经立即就会被扯痛，这是一道过不去的坎，唯有斩草除根，以绝后患，才能解除高拱心底的戒备。

偏偏有个人就是这么不识时务，触动了高拱这根神经，大难临头，为时不远。此人乃是殷士瞻。

殷士瞻是山东历城人，嘉靖二十六年（1547年）进士，穆宗为裕王时，殷士瞻曾为其讲侍。

殷士瞻自有山东人的豪爽，豪爽是把双刃剑，若是将之用得恰到好处，这是优点，但是若是一意信口开河，那就会惹来麻烦。但是，在官场中摸爬滚打了这么多年的殷士瞻却不懂得这个道理，殷士瞻坏就坏在一张嘴上。凡事憋不住，总要一吐为快。

因为这张嘴，殷士瞻无形中得罪了不少人。但是，得罪谁不行，偏偏因为徐阶之事把高拱给得罪了。高拱的个性我们知道，睚眦必报，况且此事还牵扯到徐阶，众人不禁为他的前途捏了一把汗。

这把汗捏得确实有道理，有高拱这个挡路虎，纵使你再怎么才华横溢，也爬不高，走不远。殷士瞻左等右等，机会总是擦肩而过，眼看跟自己同时入进士的张居正在内阁乐哉乐哉，殷士瞻那个急啊。

这日，内阁会议正紧张而激烈地进行着，殷士瞻话锋一转，矛头直指高拱，一番臭骂，众人先是惊呆，然后疑问，殷大学士的口才什么时候练得这么好了，骂人都不带个脏字，却句句直指人心？

高拱的脸上挂不住了，一会儿青一会儿紫，颜面尽失。这殷士瞻也太不按常理出牌了，竟然在这样的公共场合发飙，成何体统！

更出乎高拱意外的是，殷士瞻声嘶力竭喊道："若先逐陈公，再逐赵公,又再逐李公,次逐我。若能长此座耶?"说罢,一撸袖子便扑向高拱,这下众人不能旁观了,任谁也不能眼睁睁看着两个年纪五六十的内阁成员当众打架。

结果可想而知,殷士瞻大发一通脾气,也算是解恨了,收拾一下行囊,归田养老去了。

正当高拱为铲除异己而庆功时,张居正的算盘打起来了。张居正跟高拱近日来合作并不怎么愉快,高拱越来越专断,已经超出了张居正的忍耐范围。

张居正想着,如今已经有太多的人被高拱赶出朝廷,朝廷之中大多已是他的爪牙了,有朝一日,大明还不成为高家的天下,那天下还是否有他自己的容身之地?

目睹一个一个的同僚被高拱搞得家破人亡,张居正有些后知后觉,突然惊出了一身的冷汗:一山不容二虎,以高拱不容人的气量,他会允许我继续存在并壮大吗?张居正摇摇头,他了解高拱,懂得高拱。高拱是不会念旧情的,徐阶就是一个赤裸裸的例子。

高拱与张居正本是至交好友,他们的交情是从张居正出翰林院入国子监为司业的时候开始的。张居正在国子监任职,他的顶头上司就是时任国子监祭酒的高拱,他们二人一见如故,惺惺相惜,"拱亟称居正才",二人"相期以相业"。在高拱的提拔下,张居正入阁,徐阶辞官以后,张居正为高拱请命,在其帮助下高拱复出,并担任要职,二人依旧如故,"拱为首辅,居正肩随之"。

高拱、张居正两人在隆庆初期始终保持着协调的关系,究其原因多是他们在政见和学术上有共通之处。

明神宗朱翊钧

明熹宗朱由校

如此铁的关系，在权位交错和冲突中仍不能够维持，对权势的追求，终究摧毁了这种亲密的情谊，以至于他们反目成仇，相互倾轧。

张居正打算先下手为强，但是谁料想高拱如此有先见之明，竟然抢了先。其实，警觉如高拱，他们二人虽以朋友相称，但高拱对张居正却始终存有戒心。张居正不得不佩服，在政治的敏感性上，自己终究是略输一筹。但是，这不能成为放弃的理由。

这日，下朝之后，高拱以小酌为由将张居正拉到家里，张居正不疑有他。但是喝到兴起处，高拱竟然一声声地叹气，遂将事情原委慢慢道来。

此事也并非高拱无事生非，原来，高拱得到小道消息，说是张居正与徐阶往来密切，并收了徐阶的三万两白银，以帮其子复职。

徐阶一直是高拱的伤疤，张居正如此相当于揭了高拱的伤疤。

张居正跟徐阶的关系，高拱自然明了，张居正为庶吉士时，徐阶为教官，所以从这个层面上讲徐阶为张居正的老师，师生情谊，自是不一般。

张居正慌了，急忙跟徐阶撇清关系，证明自己的清白，把高拱哄高兴了，两人握手言和。其实两人都心知肚明，此次，是两个人大裂痕的一个开始。

张居正越发心急了，高拱必须解决，越快越好，不然寝食难安，出手晚一步就会面临步徐阶后尘的危险，所谓一失足成千古恨。

但是，高拱事业正如日中天，要扳倒他哪里容易，单枪匹马更是难上加难，张居正睁大了眼睛寻找同盟者，还果真被他找到了一位合适人选，此人乃是当时名盛一时的司礼监太监，冯保。

冯保是个不同寻常的太监，他是个有文化的太监，这在那个时代实属罕见。这个冯保跟张居正有个共通之处，那就是他们憎恨高拱，这使得他们能够成为同盟。

此时的冯保是东厂提督太监兼御马监管事太监，这个职务既掌特务又握兵权，其权之重可见一斑。但是冯保并不满足，他的理想是成为掌印太监，这个职务那更是了得，顾名思义，是手掌盖章的太监，如此一来，朝中大事都逃不过他的法眼了。

张居正与冯保联手，可谓强强联合，但是这都不足以震撼如日中天的高拱，几个回合下来，他们都败下阵来，他们无可奈何，唯有静静等待时机。

在张居正与冯保里应外合的情况下，高拱下台的路，一步步铺好。

这日，高拱如平常一样去早朝，却不料等待他的是噩梦。高拱已经不记得是什么情况，只听得那份圣旨：高拱专权跋扈，藐视皇帝，即日起，令高拱回籍闲住，不许停留。圣旨如此霸道，不容人辩解。

高拱下台了，这日是隆庆六年（1572年）六月十六日。

第二章

大明王朝的皇帝改姓张了

老办法新花样

历来，旧皇仙逝、新帝登基之时，乃是朝政大乱之时。于是，一些投机之人，便借此时机，完成了朝廷内部权力的更替与交换，必然是有人欢喜有人忧。

权力诱人，欲望永无止境。身居高位者，想方设法排除异己，巩固地位；在下者，则是挤破了头地爬那象牙塔。于是，在这权力争夺之中，鱼龙混杂，却无一例外，皆为"权力"二字。真如那太史公所说，天下熙熙皆为利来，天下攘攘皆为利往。

夏意初来，一切都还沉浸在生机盎然的气氛之中。只是，皇宫里却死气沉沉，毫无生气，这日是隆庆六年（1572年）五月二十六日，穆宗驾崩已经是秘而不宣的消息。

穆宗入葬之事，已经无关紧要。一个死人，哪怕这个人生前是怎样的万人瞩目，现在已经掀不起任何风波，当务之急乃是新皇登基之事。

其实新皇人选已经毋庸置疑。穆宗虽颇有艳福，后宫嫔妃无数，但她们却只为他产下屈指可数的儿女。穆宗终其一生有四个儿子，长子五岁夭折，次子不满周岁而亡，三子朱翊钧，四子朱翊镠，三子、四子乃是一母同胞。

按照明朝的长子继承制，朱翊钧已无长兄，顺理成章登上皇位，是为万历皇帝，即明神宗。

穆宗驾崩之时仅三十六岁，在位满打满算才六年而已，他这个现存的最大的儿子朱翊钧也仅有十岁，皇帝如此小，自是不能亲政，当有人为国家前途而叹息之时，一场你死我活的权力阴谋展开了，高拱虽初占优势，但毕竟势单力薄，张居正与司礼监太监冯保串通一气，里应外合，终将高拱拉下台。

高拱走了，与往日的风光形成鲜明的对比，高拱走得落魄而凄凉，无一人敢为他送行，自驾牛车狼狈上路。一朝权倾天下，一夕落魄如丧家之犬，如此反差，不得不让人感叹权力沉浮，世事难料。

高拱既走，皇帝尚年幼，权力自然要下放，张居正便毫无疑问地担当起首辅大任，顾命大臣的光荣称号更使他脸上增光。顶着种种闪耀的光环，张居正辅佐幼主，手掌国家大权十年之久。

张居正走向权力的高峰，一览众山小。这十年是张居正的天下，名义上，神宗有着至高无上的地位，但毕竟是个十岁的孩子，贪玩的年纪，对他讲朝政之事，无异于对牛弹琴。张居正集首辅与帝师于一身，神宗都要忌惮他几分。

自古权臣，要么遗臭万年，要么流芳百世。手握大权而不受限制，便成为滋生飞扬跋扈、独断专行的沃土。欲望往往与邪恶相伴而生，为欲望的满足而置天下苍生于不顾者比比皆是。当然历朝历代也不乏手握大权而不忘国家安危、为民为国谋福利者。一念之差，两种结局，所幸，张居正属于后者。

后人给张居正的评价是明朝后期杰出的政治家和理财家，能得如此评价，必有其过人之处，张居正定是做出了一番业绩。

张居正自幼聪慧，被乡人称为"神童"，自嘉靖二十六年（1547年）入仕以来，心怀大志，一心想在朝廷有所作为，只是多次在朝廷崭露头角，都未赢得当权者的重视。目睹朝政腐败，张居正多次上书改革方案，要么被无情退回，要么不被理睬。

心灰意冷的张居正明白，要实现鸿鹄之志，只有一条路可以走，那就是独掌大权。可眼下之势，张居正唯有静静等待，养精蓄锐，等候一鸣惊人之机。

机会来了，张居正把握住了。如愿以偿，那么下一步便是大展身手之时。种种时机都已成熟，张居正振臂一挥，大声一喝：我要改革，改弦更张。

张居正虽习儒家经典，却有着天生的法家思想，其改革思想也渗透着法家精华，这为世俗所难以接受。祖宗之法，国之根本，怎可改变？一遍一遍地质疑，一道一道地上书，阻力很大，压力很大。

商鞅曾有箴言："治世不一道，便国不法古。故汤武不循古而王，夏殷不易礼而亡。反古者不可非，而循礼者不足。"

想及此，况且多年志向，怎可毁于一旦，张居正抱着一颗誓死之心，力挽狂澜，终究是逆风而行，大刀阔斧地向着目标迈进。纵使满路荆棘，也要毫不犹豫地走下去。

说张居正大刀阔斧那是一点儿都不夸张，张居正的改革围绕边防、吏治、生产、税制等等，可谓囊括了朝政的大部分内容。

张居正的改革，最为人称道的可谓推行了"一条鞭法"的税收方法，这也是张居正改革的核心内容。所谓"一条鞭法"，就是将一县之赋役，悉归于一条，将丁银归入田赋之下，这样赋和役就合并在一起，统以银两来收取。百姓可以通过银两来抵徭役，履行对国家的义务。从某种程度上说，徭役被取消了。赋役征收大大简化，土地兼并得到打击，百姓负担也减轻，可以安心从事生产。

"一条鞭法"的实行并非张居正心血来潮，而是基于对社会形势的了解。况且，张居正终究是统治阶级的代表，他的所作所为，无不是为统治阶级服务的。

明中叶以后，资本主义萌芽产生，商品经济得到很大的发展，金钱的魅力一览无余地展现出来。上至皇室、王公大臣，下至平民百姓，对金钱的追求到了无以复加的地步。

穆宗，就是一个视财如命的典型，为追求游幸玩乐和物质财富的享受，他无限地勒索国库银两，以公充私，供自己挥霍。上行下效，皇帝如此，那他手下的大臣必定好不到哪里去。

金钱诱人，皇帝又起了敛财的带头作用，于是官员纷纷利用手中职权，大肆敛财。所谓，羊毛出自羊身上，在农业社会，财富大都由农业创造，于是，对土地的兼并便不可限制地严重起来，对农民的搜刮便理所当然成为谋财之道。

这些敛财者，一味中饱私囊，宛若一个一个的蛀虫，长此以往，终究会有一天引火上身。纵使隐忍如中国农民，他们的忍耐也总是会有个限度。一旦触及了他们的底线，他们也会大呼"是可忍孰不可忍"，然后揭竿而起，群起而攻之。

农民起义此起彼伏，小的不说，我们看看那些能在历史上留下名的，山东的唐赛儿起义，浙江的叶留宗起义，福建的邓茂七起义，等等，其势越来越难以抵挡，张居正看到了并且开始反思了。

对于那些敛财者，若是如此纵容下去，后果不堪设想。张居正站了出来，伸手拦下了那些不知大祸临头的同僚。大呼小叫那是必然。讲道理，张居正是没有这个耐心的，权力在握，谁敢不从。

"一条鞭法"终究推行开来，赋役折变成银两，更是规定了定额，这是中国税制改革的一个大转折。中国的税制自秦汉以来，一直以征收实物为主要手段。"一条鞭法"推行以后，便确定了银两在赋役制度中的不可动摇的地位，并一直延续下去，赋役从实物向货币转换成为不可阻挡的趋势。

然而，愿望是美好的，现实却很残酷，虽然张居正管得住眼皮子底下的官员，但是全国各地官员无数，他张居正纵使有三头六臂，纵使有天大的本事也无能为力。

"一条鞭法"触动的是地主阶级的利益，所以这就注定了它的贯彻实施要大打折扣，在一些已经推行"一条鞭法"的地方，官府仍然以各种名义征收赋税，更有甚者，强迫农民从事各种徭役。这大大违背了"一条鞭法"的精神。

尽管如此，瑕不掩瑜，张居正的改革，仍是成功的，对缓和阶级矛盾和民族矛盾、安定社会、发展生产，大有裨益。

改革的悲剧

中国的封建专制主义体制从秦汉以来到明末,已经延续了一千多年。它本身不仅有创立和完善的过程,而且在不断地加强和削弱的反复震荡中发展。一个又一个王朝的兴衰成败,一次又一次的江山易主,只不过是旧药换新瓶。封建专制主义体制仍然贯穿一个又一个朝代,愈到封建社会后期,愈益强化。

到了明朝,政治上的集权达到前所未有的强度,连宰相的权力都被皇帝收入囊中,因此明朝皇帝成为权力的超级集中者。但事情并没有朝皇帝们想象的方向发展,明朝衰败的景象远远超过汉末、唐末和宋末,这样一种权力极度强化和国家极度弱化的势态,共生于同一王朝的始末,是历代王朝从未有过的境遇。看来体制本身已经疾患缠身,倘若不及时医治,就要暴病而亡。

张居正的改革是在统治机构近乎解体、财政濒于破产的局面下,自上而下发动的一场自救运动。改革是触动社会体制的变革,这虽然是在同一社会制度下的推陈出新、自我完善,却是"变"字当头，改变某些不合时宜的规章、制度和政策。与渐行渐变不同的是，改革是带有矛盾的集中性、突破性和体制性的改变，集中表现为法制的推陈出新，所以又称为变法运动。

作为一个具有雄才大略的政治家，张居正对明王朝所面临的问题有深刻的认识。针对外患问题，他倚重解决了沿海倭寇的抗倭名将戚继光，抵御了北方鞑靼的入侵。此外，他利用鞑靼首领俺答与其孙把汗那吉之间的暗流涌动说服鞑靼称臣。张居正一面和鞑靼通商往来，一面在边境练兵屯田，加强防备，之后二三十年间，明朝和鞑靼之间一直没有发生战争。他还通过俺答汗同西藏建立了关系。北部边防的巩固使张居正可以把注意力转向国内问题。

《红楼梦》中探春在"惑奸谗抄检大观园"时曾说："可知这样大族人家，若从外头杀来，一时是杀不死的，这是古人曾说的'百足之虫，死而不僵'；必须先从家里自杀自灭起来，才能一败涂地！"家如此，国亦如此，外患是问题，但内忧是根本。

张居正认为当时国力匮乏和盗贼横行都是由吏治不清造成的。官吏贪污，地主兼并，引起部分人钱包大鼓，公家却是囊中羞涩；加上皇帝太不像样，挥霍无度，百姓因此吃不饱睡不好，无奈之下上山当了草寇。张居正很高明地把了国家的脉象，政不通，社会问题就得不到解决，本来这些年经济就不好，再加上一群不干正事、中饱私囊的贪污蛀虫，不帮百姓解决问题，还搜刮他们的脂膏，国家能不乱吗？因此，张居正决定从"官"开始逐步清除王朝的肿瘤。

万历元年（1573年）十一月，张居正上疏对官员实施绩效考核，即"考成法"，以便明确职责。针对公文传递过程中"上之督之者虽谆谆，而下之听之者恒藐藐"的弊端，张居正上书皇帝提出公文办理的改革，以六科控制六部，再以内阁控制六科。朝廷的六部、都察院，其奏疏凡得到皇帝批准的事项，转行到各衙门，根据事情的轻重缓急、地方的路途远近，限定办理的期限，每月底清点。事情办得怎样，就靠这条线层层监督，一只眼逐级盯下去，评定官员的一个指标就是办事的效率和质量。

张居正在施行"考成法"时，还将追收逋赋作为考成的标准。万历四年（1576年）规定，地方官征赋试行不足九成者，一律处罚。同年十二月，据户科给事中奏报，地方官因此而受降级处分的，山东十七名，河南两名；受革职处分的，山东两名，河南九名。这使惧于降罚的各级官员不敢懈怠，督责户主们把当年税粮完纳。由于改变了拖欠税粮的状况，国库日益充裕。据万历五年（1577年）官方统计的全国钱粮数目，年收入达435万两，比隆庆时同比增长74%。财政收支相抵，还结余85万两，扭转了长期财政亏虚的状况。正如张居正自己所说的："近年来，正赋不亏，府库充实，皆以考成法行，征解如期之故。"

绩效考核直接和头顶的乌纱帽挂钩，捕蝉的螳螂后面有黄雀，官员们都得实打实干。官场上，什么都可以考虑放一边，但官帽最重，不可懈怠。明朝残坏的管理系统，好像得到了有效整修，运转起来快了许多。

然而，对官吏的管理限制势必损害官僚豪强的利益，当改革与制度碰撞时，失败的往往是前者。正如黄时鉴在《中国大百科全书·中国历史》中所说："张居正在中国封建社会后期矛盾加剧的情况下，为了挽救明王朝的危亡而从事的改革，只是地主阶级内部的改良运动。但改革对扫除积弊，澄清吏治，抑制豪强，减轻农民痛苦，安定人民生活也有一定的好处。由于清丈土地和一条鞭法的实行，政府收入增加，国家财政状况有很大好转，但改革也受到官僚豪强大地主势力的百般顽强阻挠……居正病卒后，除一条鞭法外，其他改革几乎全行废止。"

果不其然，张居正死后的第十四年（1596年），神宗就以疯狂的掠夺，破坏了国家机器的正常运转，给明朝带来了一场空前的灾难。新政被废除以后，国家朝政急遽败落，既有的危机不仅故态复萌，统治机构还出现了自行解体的趋向，各种社会矛盾环环相扣，交错而起，一场更为严重的危机铺天盖地席卷而来。官僚体制被破坏，国家库藏被耗尽，平民百姓生活在水深火热中，终于激发民众起义，此起彼伏多达四十多次，全国各地怨声载道，朝廷动荡不安。

这究竟是张居正的悲哀，还是大明王朝的悲哀，寻根究底，是体制的弊端造成了改革的悲剧。

边境安宁，国泰民安喽

张居正排除万难，力挽狂澜，冒死变法，将个人荣辱置之度外。"不但一时之毁誉不关于虑，即万世之是非，亦所弗计也"。

所幸，皇天不负有心人，变法卓见成效。单从国家储蓄可略窥一二，据史书记载，张居正当政期间，国库积银有六七万两，太仓也储备粮食达到一千三百多万石。

这样的储备已实属不易，要知道，在穆宗一朝，国库空虚，可谓一穷二白，官员俸禄一拖再拖，仍无法按时按量发放。传闻，礼部尚书，因不得俸禄，无法供养家人而上吊自杀。朝廷如此，那平民百姓便可想而知。

仅由此一点，我们就不得不肯定张居正的政绩。行文至此，张居正排异己、耍心机种种似乎可一笔勾销。当然，若要做到流芳百世，仅仅依靠这点儿业绩似乎还不足为道。张居正改革囊括种种，可谓包含朝政的各方各面，我们且看张居正对于边防的整饬。

外患是明朝中后期无法避免的一个话题。当时，对明朝造成威胁的主要有来自三方面的势力，北方的蒙古、东南沿海的倭寇和东北的女真。倭寇之乱肆起，经抗倭名将戚继光、俞大猷的平定，倭寇再不敢张狂，倭乱告一段落。

北方游牧民族南下仍是个让人一筹莫展的问题。一方面，有明一代正处寒冷期，北方尤甚，少数民族为得人畜生存，便极力往南扩展。另一方面，蒙古与女真内部阶级矛盾激烈，各部为扩大实力，也不遗余力扩张地盘。雪上加霜的是，明朝边境不时有焚烧牧场的情况发生，致使"边外野草尽烧，冬春人畜难过"。更为迫切的是，"各边不许开市，衣用全无"。如此一来，明朝跟北方少数民族的冲突便一发不可收拾了。

但是，我们再看明朝的边防情况，却让人心寒。边防破败不堪，"壕浅墙卑，虏患日涂，边事久废……频年寇犯如蹈坦途"。当时，朝中众大臣对于边防不甚重视，有大臣认为，筑边防乃是"殆所谓运府库之财，以填庐山之壑，百劳而无一益"。如此情境，如何抵挡外族入犯。

北方少数民族以游牧为主要的生活方式，这种出没无常的特征，使得不善于打游击的明朝军队无所适从，多次交锋都处于下风。对方如鬼神出没，根本就见不到踪影，而明军却只有抓耳挠腮的份儿。"我散而守，彼聚而攻，虽称十万之众，当锋不过三千人，一营失守，则二十二营俱为无用之兵；十里溃防，则二千余里尽为难守之地。"兵部尚书刘焘曾上书叙述这里面的苦衷。

防不胜防，战不能战，困难重重，无所适从。明朝统治者没有好的策略，便断绝民族之间的正常交易。岂料，这只会起到适得其反的效果，物资的缺乏导致对物资的追求，逼得少数民族更加肆无忌惮地劫掠，事端越发严重起来。

张居正是个眼里容不得沙子的人，他当权以后，自然不容少数民族如此放肆，他将整饬边防、改善民族关系列为当务之急，并制定了"内修战守，外事羁縻"的方针。

其实，张居正对于边防的重视并非心血来潮，在其还未担当首辅的时候，就对边防巩固表示十分赞同。隆庆四年（1570年），蒙古鞑靼部俺答的孙子把汗那吉携妻投奔明朝，在张居正的支持下，边疆名将王崇古厚礼接待，以此事为契机，穆宗封俺答为顺义王，明蒙关系开始走向正常化发展。

隆庆五年（1571年），经张居正力主，答应俺答的朝贡请求，并在沿边三镇开设马市，边境有十几个互市市场，与蒙古进行正常的贸易，明蒙关系更进一步。

只是，隐藏在貌合神离之下的利益冲突，终究是一个无法让人放心的隐患。随着蒙古实力的增强，兵强马壮之时，蒙古便开始不安分了，边境的安危仍是一个亟待解决的大问题。

张居正力图改变这种被动局面，在他的心中已形成一个蓝图，可总结为一句话：人不犯我，我不犯人，人若犯我，我必犯人。其意义乃是，做好万全的防御准备，以和为主，必要时也不放弃使用武力，来犯必战。

防御措施做到位，乃是重中之重。蓟州是北部边防的门户，其地理位置尤为重要，蓟州一失，蒙军便不可抵挡。张居正派遣抗倭名将戚继光担任蓟州总兵，守卫蓟州这个大门。戚继光带领士卒来到蓟州，加紧训练，这些士卒都是抗倭战争中的骨干力量，士卒士气高昂，能以一敌十。

长城是北方少数民族南下难以逾越的一个障碍，长城的作用历朝历代无不重视。戚继光来到蓟州第一件事情，便是修缮长城，在此修建了一千多个敌台，重点区域以砖石堆砌，内填充泥土石块，其结构更加坚固，这大大增强了边防的防御能力。这样一来，"边备修饬，蓟门宴然。继之者踵其成法，数十年得无事"。

针对东北渐渐强大的女真族，张居正派名将王崇古、方逢时主持东北边防军务。这二人均为边防能将。他们在辽东地区修城墙，筑城池，开屯田。边防防御为之一新，战斗力加强了。

西北、东北防务准备就绪，口说无凭，需要接受检验。万历七年（1579年），张居正命兵部侍郎王遴、汪道昆、吴百朋分工巡视边防工作。九边重镇，一一视察，不得有误。如此一来，边防工作便马虎不得。视察意义重大，一是鼓舞了边境士卒的士气，二是使得中央掌握了更加真实可靠的边防实况。

养兵千日，用兵一时。万历七年（1579年），明蒙战事再起，剽悍的蒙古骑兵从北南下进犯，被戚继光阻挡，不得前进。蒙古骑兵仍不死心，便转移进攻方向，准备从东北进犯，东北的女真也加入对明战事中，战争升级。

面对联军，张居正以其对边防的充分把握，亲下指令，千里遥控。时人称张居正乃是"数万甲兵藏于胸，而指挥乎千里之外"。如此看来，张居正还是位文武双全的人才。

此时的辽东总兵是李成梁。此人也是一员守边名将，面对联军，毫不畏惧，一次一次将他们的进攻击破，最终打得盟军落花流水，狼狈而逃。

守军凯旋，此时的张居正做出了一个让人匪夷所思的决定，"威行而后可用恩也"，即与蒙古议和，化干戈为玉帛，再建封贡关系。

民族歧视和民族压迫历来根深蒂固，张居正的这一决定在朝廷掀起了轩然大波，况且明军取得胜利，这正是一个乘胜追击的好时机。这得之不易的胜利难道要成为议和的筹码？只是更多人敢怒不敢言，观望，观望，再观望，是他们在官场中学会的生存法则。

与少数民族议和，历来不被看好，被认为是妥协投降的无奈之举，但是张居正的想法迥然不同。张居正有更深层次的考虑，此时明朝正值多事之秋，尽量减少战争那才是明智之举。战争并不是一个永绝后患的好方法。

在张居正的主持下，明蒙关系破镜重圆，继续封贡关系，再开茶马互市。而对于东北的女真，也在清河、抚顺、开原等地开通互市。

当然，议和达成，并不等于可以高枕无忧，张居正深谙其中的道理，因此他下令："桑土之防，戒备之虑，此自吾之常事，不容一日少懈者。岂以虏之贡不贡而有加损乎！"一时之间，北部边疆和睦融融，战事全无。

至此，边境安宁，国内新政初见成效，呈现出国泰民安的繁荣景象。

看不顺眼就要闹

"创始之事似难实易,振蛊之道似易而实难",关于创业难还是守业难的问题,张居正从其切身体验得出这样的结论。新政步履维艰,张居正面临种种压力,不禁发出如此感慨。

张居正执政期间,确实多事。新政的实施,因改革力度大,屡次触犯大地主、大官僚等腐朽势力的利益,他们手握权力,以种种理由站出来阻挠。这些人,不是三言两语、训斥恐吓就能够摆平的。

另外,张居正也不是完人。他假公济私的行为,必然成为反对者攻击的对象。随着张居正权势的无限扩大,他独断专行、刚愎自用的一面也逐渐暴露出来,再加其生活奢侈,引起了同僚的非议与嫉恨。

于是,一场场弹劾张居正的风波让他应接不暇,张居正本就是一个眼里容不得沙子之人,对弹劾他之人强力打击那是必然。明争暗斗,硝烟四起,朝廷沉浸在一片紧张的氛围之中。

第一场战斗已经悄然拉开帷幕，起因乃是新政。张居正推行了一套严格的官吏考成法，"课吏职，信赏罚"。根据考核后的政绩好坏，分成称职、平常、不称职，以此赏罚分明，作为升职与罢免的依据。

这套官吏考核方法，据史书记载，使得朝廷政令"虽万里外，朝下而夕令行"，这种说法虽有点言过其实，但其政绩还是应该肯定的。

但是，就是这套考成法，成了攻击的对象。万历三年（1575年），南京户科给事中余懋学上疏议事，种种言辞都直指张居正，先是批评考成法太过苛刻，随后又非常露骨地讥讽张居正阿谀奉承。

此时的张居正是何等威风，在众人面前对他评头论足，真是胆大妄为。张居正怒气冲天，你一个小小的给事中是向天借了胆，竟然三番两次不识时务，胆敢在老虎眼皮子底下拔毛。

这余懋学批评考成法之苛刻，却有其合理之处，因考成法要求各个衙门按照衙门事务轻重缓急定出一定的期限，然后登记上簿，月终注销，并送内阁考察，这种考核一月一小考，一年一大考。这确实是一项伟大工程，那些懒惰官员和无政绩官员个个叫苦连天，无不愤恨。只是，余懋学上疏张居正阿谀奉承之说，有些牵强附会，若说起因，这还要追溯到上一年的历史。

其实，余懋学与张居正的矛盾在一年前就埋下了种子。万历二年（1574年）初夏，这日，天气晴朗，清风徐来，鸟语花香，让人无比惬意。内阁成员聚集议事，竟然发现池中莲花含苞待放，以往年来看，这莲花要到仲夏才开放，此事非比寻常，众人无不惊奇。恰在此时，有人来报，在翰林院发现有白燕，这又是一件稀奇事。

张居正以这两件事为祥瑞之征兆呈报给皇帝，小皇帝亦惊喜万分，只是，这个时候另一个掌权人物冯保发话了：皇帝年幼，唯恐以此取悦皇帝，反而让他玩物丧志。

余懋学听闻此事，倒是来了兴致，他连夜写成一本奏折，声称张居正阿谀奉承，大失为臣之道。张居正受冯保一番指责，正无处发泄，他余懋学一个芝麻小官又来凑热闹，惹怒了发威的老虎。

纵使张居正权势熏天，朝堂之上，这么多人看着呢，神宗皇帝总要做个样子。这日，神宗皇帝下诏以此事对张居正予以点名批评。张居正心里那个愤恨，但是在风口浪尖上，他也不敢有所作为，便将这口气咽下了。

兴许是在此次弹劾中尝到了甜头，时隔一年，余懋学再次出击，并且旧事重提。老虎不发威，这余懋学还真当张居正是只病猫，张居正怒了，他这一怒非同小可，后果很严重。次日，余懋学便被革职，并且是永不叙用。只是他的罪名无法让人信服，"贪污受贿"，据史书记载，余懋学为官清廉。

余懋学为一时的冲动付出了惨重的代价，"永不叙用"是多么残酷的惩罚，多年的苦读与基业毁于一旦。而更令人叹息的是，其清廉之高风竟然被莫须有的贪污受贿所玷污。在这政治斗争中，在这黑与白颠倒的世界里，唯有权力能说服一切。

权力掷地有声，一言九鼎，但是要众人个个言听计从那也未必轻而易举。张居正处置了余懋学，不料点燃了一个导火索，引发了更大的风暴。真是一波未平,一波又起。张居正眉头紧皱,天予我大任,为何还要经历这么多的苦难。

余懋学含冤而去,河南道试御史傅应祯上疏为其喊冤:"远近臣民不悟,遂谓朝廷讳直言如此,其逐谏官又如此。相与思,相感叹,凡事有关于朝政者,皆畏缩不敢陈矣。"余懋学行使言官职责,竟得永不叙用的报复,那以后谁还敢直言?

傅应祯所言种种,句句在理,引人深思。可是接下来所说,就是引火上身,自找麻烦了。傅应祯不仅将张居正骂得狗血淋头,更是连带着将神宗也一并侮辱了。"张居正误国,万历失德",将这两个当朝大人物一并得罪了,傅应祯的好日子到头了。

张居正勃然大怒,当庭失态,不过还未等他发话,神宗就先下手为强了,"廷杖伺候"。傅应祯被打成重伤,险些丧命。然后被交给锦衣卫镇抚司处置。这个镇抚司奉旨办案,将傅应祯发配边疆充军,此事到此告一段落。

张居正的权威无人能撼,成为朝廷上下心照不宣的共识。一个被永不叙用,一个被发配边疆,这两个人的命运被众人看得真真切切。张居正满身刺,谁敢动他,就会被刺伤,重者丧命,轻者赶出朝廷。

只是,飞蛾扑火这样的事情在历史上却不少见,此类事情的发生出乎张居正的意料,他万万没有想到,事情的主角竟然是他的学生——刘台。

刘台考取进士后,一直跟随张居正。张居正担任首辅以后,便将其提拔起来,从原来的刑部主事升任监察御史巡按辽东。这一年,距离刘台考取进士仅仅两年,两年里升迁得如此之快,实属罕见,全仗张居正的提拔。

无奈,天有不测风云,人有旦夕祸福。万历四年(1576年),一件事情让这师徒二人反目为仇。

这年秋季是个丰收的季节,明军对蒙军作战也取得了极大胜利。这本是一件喜事,最后却转化成为一场恩仇怨事。

辽东总兵李成梁率军击退鞑靼,取得了辽东大捷的胜利。按照惯例,捷报要由总兵与巡按御史联合上疏传达,但是这个刘台为邀功,便抛开总兵,单独奏报,有越俎代庖之嫌。

这事传到张居正的耳朵里,张居正当场发飙。规矩是他定的,刘台作为他的学生却不按规矩办事,出来捣乱,让他如何向天下人交代?张居正当即给刘台写信将其训斥了一番。

谁知这刘台年轻气盛,一时怒气冲冠,竟然上疏弹劾了自己的老师。

学生弹劾老师,这是大明开国以来的首例。专擅国权,作威作福,私授王爵,如此等等,刘台把张居正执政以来的专横与不检点之处,一一抖出,并大加鞭挞。刘台言辞之犀利,让在座各位唏嘘不已。张居正愤慨之极,忍不住老泪纵横,跪求辞职归田以谢不教之罪:"国朝二百年来,并未有门生排陷师长,而今有之。"

若是张居正一走,这大明步伐不稳,必将坠入深渊。当务之急,是处置刘台,缓和张居正的怨气。刘台被贬为庶民,驱逐出朝廷,后来又被人弹劾贪污枉法,发配广西。

神宗一再下诏挽留,又将刘台查办,张居正的怒气终究被压了下去,半推半就继续上任。

是谁给了你"夺情"的借口

非议风波接踵而来,均被张居正一一化解,异己纷纷淡出视野。不愉快总算过去了,张居正的位置,在后宫和小皇帝的眷顾下,坐得稳如磐石,依旧是令出如山,鲜有阻碍。

这日,张居正独自一人来到山顶,一览众山小。如今终于美梦成真,也算是了却了一桩心愿。呼吸着山顶的冷风,张居正倍感清爽,心情大为好转,前几日的阴霾一扫而光。

回想往事种种,真是不堪回首。权力斗争之下,有人沉,有人浮,有人生,有人死。一张张张牙舞爪的脸在张居正的眼前闪过,写满仇恨与冤屈。

一切尽在掌握之中,张居正伸出手,缓缓将拳头握紧,仿若如此,便是将权力握于手中,将一切操纵于权力之上。走出荆棘,一个满面春光、充满自信的张居正又回来了。

史书记载,经历了大风大浪的张居正"闻谤而不知惧,愤戾怨毒,务快己意",而面对反对的声音,"思以威权劫之,益无所顾忌"。这巨大的变化,归结于张居正的自信,而他的自信来源于他的权倾天下,清除路障的他似乎无所畏惧了,好日子正向他招手。只可惜,这只是张居正一厢情愿的想法。他不知一场更大的,几乎致命的风浪正气势汹汹地向他袭来。

万历五年(1577年)初春,万物生机盎然,自信满满的张居正正大步流星走向他的梦想花园时,却传来他父亲病重的消息,此时张居正正着手准备神宗皇帝大婚事宜,无暇顾及父亲。一念之差,给张居正留下了终生的遗憾,张居正没有见到父亲最后一面。

这年九月,张居正之父去世的噩耗传来,被炒得沸沸扬扬,满朝轰动。按说此事乃是人家的家务事,见面安慰几句"节哀顺变""保重身体"之类就好,无关其他,为啥还要把死人拿来爆料一番?

其实不然,此事关系重大。按照惯例,张居正死了父亲,是要行丁忧大礼的。丁忧作为一种祖制,从汉代起流行开来,是指父母丧事期间服丧,后来就多指官员居丧。按照丁忧的传统,父母死后,子女从当日起要居丧三年,在这三年之内,不得沾染吉庆之事,婚嫁之事更不得参与。当官者,要离职归家居丧,丧满后方可回职。另外还规定,若是官员丁忧期间隐匿不上报,一旦查出,将严惩不贷,重者免官为民。

丁忧从西汉产生能够流传至此,当然有其合理之处。古语讲百善孝为先,又说,父母为天,西汉以孝治天下,如此种种,古人将孝放在一个无与伦比的地位。古人常将忠孝相提并论,试想,一个对亲生父母都不能够尽忠尽义的人,若要谈忠,那简直就是天方夜谭。

但是丁忧之说似乎也有欠妥之处,这官做得正风生水起,一下子就要撂挑子走人,手头上的事情放下不是,带着不是,让人无所适从。况且继任者,要善后需要一段时间,这不仅误事还降低了效率。

另外,忠孝不能两全之事,也时有发生,处理不好,落个不忠不义的罪名,授人把柄不说,还骂名留史。

张居正披麻戴孝,满脸倦容,在书房中来回踱步,踟蹰犹豫,犹豫踟蹰,面临抉择的困惑,进退两难,不知如何是好。

此时的张居正沉浸在失去父亲的悲痛中,但是让他更加难以抉择的是走还是留的问题。祖制,是一道难以逾越的鸿沟,张居正毕竟是受儒家传统教育出来的儒生,心里的顾忌自是不用说。

但是,这一走,就是三年,纵使朝中爪牙遍布,但局势易变,一旦无法掌控,这么多年创下的基业也难免会毁于一旦,"恐一旦去,他人且谋己"。况且,新政刚刚起步,本就有万般阻挠,步履维艰,若是手中无权,新政就难以实施,那多年心血就白白浪费掉了。

张居正思前想后,心中已经有了定数,三十年这不是一个小数目,人生能有几个三十年,辛苦了这么多年,不就为今日,一旦离开,一切清零。这话,张居正是不能明目张胆说出口的。

所谓见贤思齐,这话张居正是听说过的,当朝有名的首辅杨廷和就是一个榜样,他的父亲死后,不管皇帝如何痛哭流涕地百般请求,都不能挽回他要离职的心。杨廷和名气之大,可谓尽人皆知,在其权势达到巅峰时，拍拍屁股，甩甩衣袖，不带走一片云彩地回家去了。三年以后，归来的杨廷和依旧满面春风，势如当年。

面对杨廷和，张居正更不敢提留下来的事情。但是张居正种种行为，都让人心照不宣地明白了他的想法。既然不想走，那就想办法留下来，终究要找出个合情合理的理由来。其亲信户部侍郎李幼滋领了一个头，最先提出了以夺情的名义留下来，此事正合张居正心意，张居正的支持者便围绕此开动起脑筋来。

夺情乃是因特殊情况，国家夺去了尽孝之情，特允许，可不离职，而在朝中以素服办公。但是因夺情有违祖制，明朝明文规定，"内外大小官员丁忧者，不许保奏夺情起复"。明英宗曾下令，"凡官吏匿丧者，俱发原籍为民"。那么，张居正真的敢冒天下之大不韪，而提夺情之事吗？事实证明，张居正是有这个胆量的。

在这关键时刻，张居正的老同盟冯保站了出来，振臂一挥，张居正的支持者都归于他的指挥下。在其不遗余力的努力下，朝臣要求张居正夺情，御史曾士楚、吏科给事中陈三谟上疏请留首辅，这两人抛砖引玉，南北各院部官员不甘落后，纷纷上书，大力挽留，一时夺情之风成为一股不可抵挡的潮流。为顺应民意，神宗皇帝一再下旨，不准张居正离职。

可以想象，这种冒天下之大不韪的事情，是不会那么轻而易举的。朝臣之中，基于此事，分成了两大阵营，支持者与反对者。当时世人有评价：卑劣者附和，高尚者抨击。显而易见，这个人是个反对派。

有了神宗皇帝的挽留，张居正留下来的事情似乎已经水到渠成，但是总要做个样子，给旁人看看。张居正再次上书请归守制，其言之悲，让人几近泪湿眼眶，但是，神宗却是铁了心，再一次下旨挽留。如此三番两次，不厌其烦来来回回，走了几遭，张居正便欣然接受了。

消息传开，在群臣中炸开了锅，反对派纷纷站出来，走上舞台，准备大展身手。只是，随着一个一个反对者在舞台上被踢出局，要么遭杖责，要么被发配边疆，反对的声音一浪不如一浪。最后，这些非议，都成云烟，散在空气中，烂在肚子里了。

此番下来，张居正取得极大胜利，本应是君临天下、大张旗鼓庆功时，张居正却眉头紧锁，陷入深思之中。所谓居安思危，张居正被此次反对的阵容震撼了，上疏一道道展现在眼前，杀气腾腾，私下里的议论四起。一览四周，潜伏着数不尽的定时炸弹，危机重重。张居正的手有些颤抖，今日之局面都是自己一手造成的，该如何收场？

第三章

万历：我练的不是贱，是无奈

张居正大人

张居正光芒万丈,神宗皇帝虽君临天下,却要依赖于张居正羽翼的庇护。张居正把持朝政,功高盖主,却也合情合理,只怪神宗年幼,不能亲掌朝政。

但是,张居正的忠心却是毋庸置疑的。帝师,是张居正的另一个身份,他为小皇帝制定了详细的日程安排,包括早朝与讲读各项事宜。张居正的辅导和关怀,可用"无微不至"一词来形容。大到朝廷政事之道,小到宫中细节,张居正无一遗漏,均不厌其烦,一遍一遍细细讲说。

张居正这老师做得可谓称职。"戒游宴以重起居,专精神以广圣嗣,节赏赉以省浮费,却珍玩以端好尚,亲万几以明庶政,勤讲学以资治理。"(《明史·张居正传》)这六条,囊括众多,生活、做人、品行、健康、政事、读书,种种都有提及。

作为皇帝,执政以后,当以政事为重,所以张居正尤其注重神宗的政事教育,他以一己之力,把历朝历代治乱经验教训编纂成

《帝鉴图说》，为唤起小皇帝兴趣，命人配以图解，可谓图文并茂，以此来教导神宗。

在张居正的教导下，神宗皇帝戒除了纨绔子弟铺张浪费的恶习。有史为证，元宵佳节，小皇帝十分开心，一时兴起，便想在宫中办一个元宵灯会。张居正站出来阻拦，口气直白：国家刚刚步入正途，新政初行，财政紧张，灯会铺张浪费，可以免去。小皇帝兴致被打消，却也懂事，思考片刻说："朕极知民穷，还是先生说得对。"如此种种不胜枚举。

只可惜，张居正不能为人师表，自己的生活极为奢华，例如，他乘坐的轿子乃是史上罕见的三十六人大轿，其内一应俱全，还有两个仆人在侧侍候。而执政后的神宗，也一改朴素作风，变得视财如命，极尽铺张浪费之能，比之张居正那是有过之而无不及。这不得不让人感叹，有其师必有其徒。这两个道貌岸然的师徒，说一套，做一套，终究露出了本性面目。这些都是后话，我们回到正题中来。

这小皇帝还算知恩图报，将张居正视为亚父，对他万分尊敬，自始至终称其为"先生"，从不直呼姓名，在诏书中，凡提及张居正处均以"元辅张少师先生"尊称。

神宗皇帝对张居正的尊敬最初表现在发自内心深处的感激上，至于之后因种种嫉恨而对其进行清算则另当别论。这种尊敬体现在日常生活中，万历二年（1574年）五月，这日，张居正因腹痛无法落座。在座的各位无不感动。小皇帝听闻张居正的父母健在，便赐予了很多东西，以示关怀。

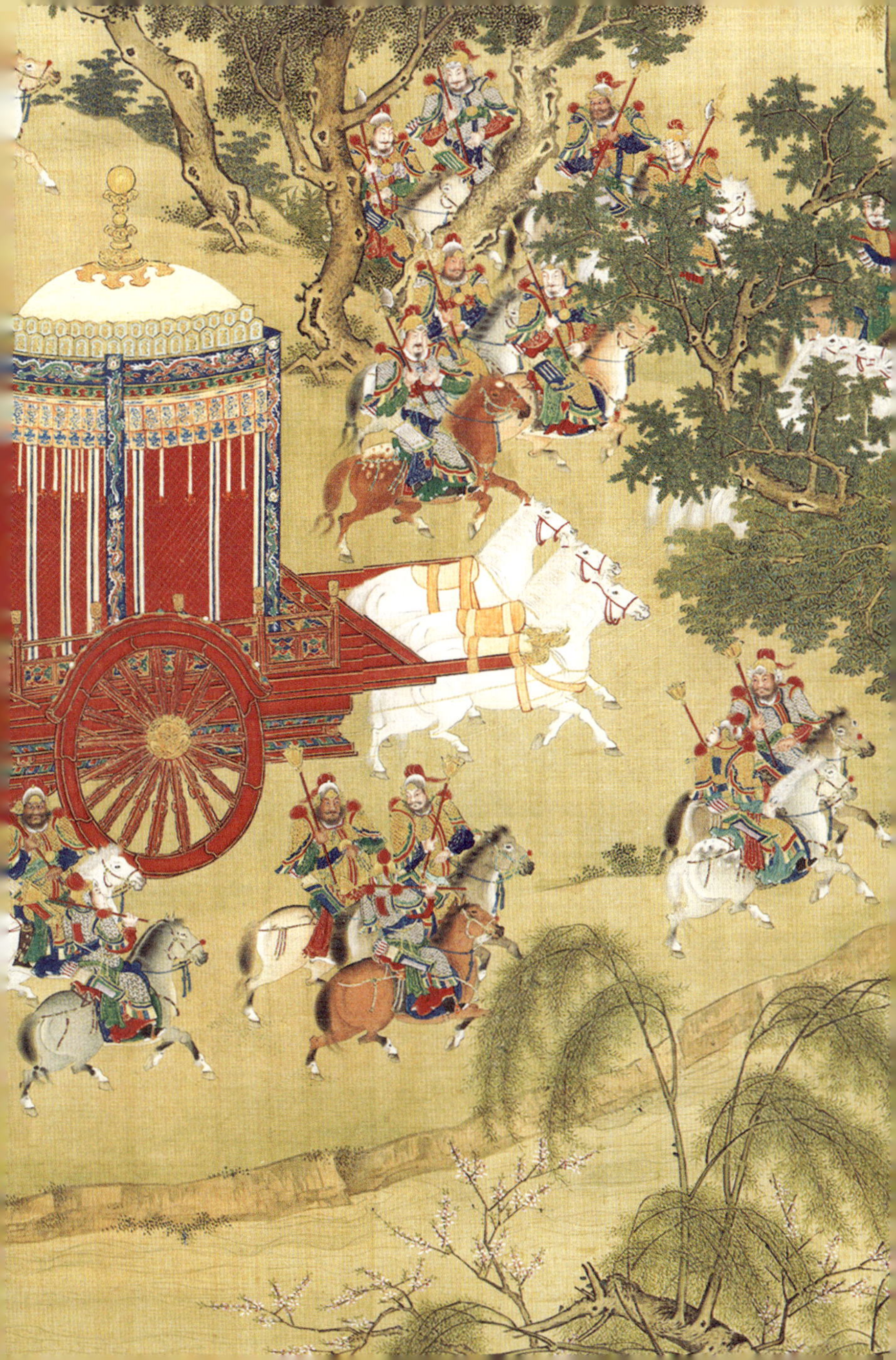

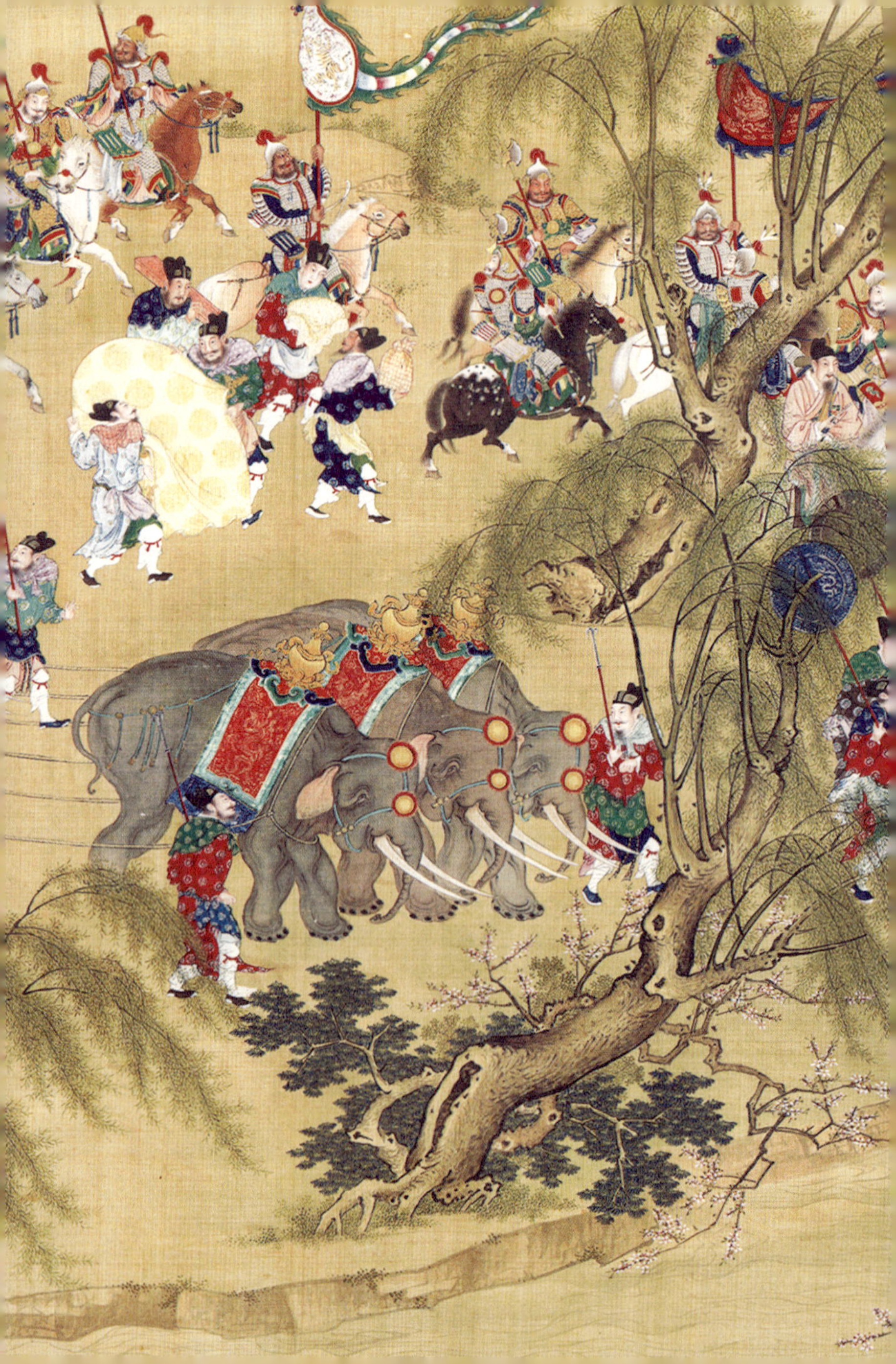

在刚刚过去的"夺情"事件中,神宗皇帝也表现出了对张居正的特殊照顾。张居正为表其忠孝两全,在夺情之后,提出"辞俸守制"的方法,继续担任内阁首辅职务。三年无俸禄,不是一天两天,张居正如何生存?神宗为他想得周到,命人日日给张居正送去赐食。此番真情,天地可鉴,受宠若惊的张居正感激涕零。

自从神宗皇帝即位以来,朝廷之事均不用插手,张居正是只勤劳的小蜜蜂,均一一办理妥当,神宗倒也乐得自在。

神宗皇帝身边还有两个人,值得一提,这两个人对神宗成长有极大影响。一是神宗生母慈圣皇太后李氏,二是太监冯保。

穆宗皇后陈氏无子,便视神宗为亲生。神宗登基以后,陈皇后被尊称为仁圣皇太后,李贵妃则被尊称为慈圣皇太后。神宗对两位皇太后一视同仁,极为孝顺,时人称其"古今帝王之孝所稀有也"。

神宗即位以后住在乾清宫,因其年龄小,慈圣皇太后也搬进来,照顾小皇帝的饮食起居。慈圣皇太后生性纯朴善良,知书达理,对仁圣皇太后非常恭敬,"教帝颇严",慈圣皇太后在神宗面前是很有威信的。

慈圣皇太后每日五更时分,就把小皇帝唤醒,让他洗漱完毕,准备上早朝。每日读书也在旁监护,若马虎大意,便命令小皇帝跪在地上,以示惩戒。但是慈圣皇太后毕竟是个女人家,深居后宫,在处理朝政事务上,还需要仰仗张居正和冯保。

冯保此人我们在前面也讲到过,是个有文化的太监,聪明过人,能文能武,琴棋书画样样精通。冯保被神宗称为"大伴",在神宗为太子的时候,冯保就照料他读书。神宗登基以后,冯保担任司礼监掌印太监，代替皇帝朱批，朝夕与神宗相处，因此他们的感情相当亲密。

在张居正、慈圣皇太后与冯保的合作下，大明有条不紊地前进着。只是随着小皇帝年纪的增长，微妙的变化逐渐产生，以至于逐渐滋生仇恨。

这年是万历五年（1577年），神宗皇帝十五岁，一切都按照张居正的部署一步一步井然有序进行着，神宗每日按部就班完成日程表上的安排，就无所事事了，只能坐着发呆。闲来无事，看看奏折，都被张居正跟冯保处理得万无一失。

神宗不禁感慨，日子真是无聊，自己成了别人手中的一颗棋子，任人摆布。越想越心烦，便命人拿来酒，自斟自饮起来。如此三番两次，便一发不可收拾了，神宗爱上了这透明的液体，它能让人忘却世间烦恼，这飘飘欲仙的感觉只能用一个字来形容，那就是"爽"。

神宗沉溺于喝酒的事情传到张居正的耳朵里，张居正二话不说，便给他上起了政治课，这次的讲课内容为《酒诰篇》，饮酒过度不仅会损伤身体，更会妨碍政务处理种种，终归一句话，为江山社稷还是少饮酒为好。神宗这么一点儿小小的嗜好，都要被剥夺，看着张居正那满脸严肃的表情，神宗感到前所未有的厌恶。

神宗终究是长大了，翅膀硬了，对张居正也敢反抗了，他没有戒酒，反倒愈喝愈凶。"陛下每餐必饮，每饮必醉，每醉必怒，左右一言稍违，辄毙杖下，外庭无不知者。"此乃近侍冯保所言，由此可见神宗酗酒之烈。

张居正的训诫神宗置之不理，终究惹出了事端。这日，是万历八年（1580年）九月初六，神宗皇帝在太监孙海的陪同下，饮酒作乐，这孙海跟冯保的一个养子有些过节，在其挑拨下，喝醉的神宗就命人将冯保的养子痛打了一顿。这样还没完，更要命的是，醉酒的神宗骑上马就直奔冯保家，兴师问罪去了。

慈圣皇太后气愤不已，下决心要好好教训一下神宗。

慈圣皇太后将神宗与张居正唤来，扬言要张居正学习东汉霍光，为天下人除害，废掉这不争气的皇帝，改立神宗一母同胞的弟弟潞王为帝。神宗吓傻了，张居正作为首辅，是有权力废除旧皇重立新帝的。

回神的神宗，一把鼻涕一把泪，赶紧磕头认罪。慈圣皇太后看神宗有悔过之心，威胁生效，便收回了成命，此事以张居正代神宗写了一份《罪己诏》收场。

神宗以敷衍的口气向张居正道谢后，便把自己关进了屋内，陷入沉思。此时，张居正这个名字，像个瘟神一样在神宗的脑海中挥之不去，张居正、霍光，这两个名字连在一起，无法分开了。

神宗突然之间，心底涌起了恐惧，那份来源于张居正的恐惧，让他寝食难安。神宗渐渐成熟的心灵，片刻之间，发生巨变。

抄家伙，出气的时候到了

日月如梭，眨眼间十年过去了，神宗已长大成人，到了可以亲政的年纪，也懂得了功高震主一词的含义，只是，内有冯保，外有张居正，他们二人共同把持着朝政，神宗只是个光杆司令。

神宗小小年纪时，自是乐见张居正当政，而今他急于享受手握权力的快感，而张居正却独揽大权，这大权本是他神宗所有。神宗的皇权遭遇张居正的相权，冲突一触即发。"万历失德"的指责久久回荡，张居正如此蔑视圣上，神宗已将张居正划为敌人的行列。

再者，张居正平日里对神宗甚是严格，让神宗越来越反感，这种不满日益积累，转化成为仇恨。史书记载，一日神宗读书，读至"色勃如也"之时，因走神，将"勃"误读为"背"，遭张居正严厉训斥，神宗惊慌失措，默不作声，神态宛如遭遇恐吓一般。

仇恨的种子一旦种下，沾水迹则生根，得阳光便发芽。这二人面合心离，已经背道而驰，渐行渐远。当年彼此之间的关怀与敬爱，烟消云散，再也找不回来了。

两年前，神宗因醉酒，被冯保告状，慈圣皇太后震怒之下，差点儿将神宗废掉。张居正上疏进谏，神宗被罚在慈宁宫跪了六个小时，后张居正替神宗写下《罪己诏》才了事。神宗越发厌恶张居正与冯保，视他二人为眼中钉、肉中刺，不拔掉便寝食难安。

张居正的地位正稳如磐石，以神宗之力气，想扳倒他，简直是天方夜谭。神宗有自知之明，于是他的目标先瞄向冯保，这个陪伴了他自己近二十年的大伴。冯保终究是神宗身边的一个奴才，任凭神宗处处刁难，冯保也无可奈何。在宫中，唯有小心翼翼、步履维艰地处事，但终究是自身难保了。

慈圣皇太后看神宗已经长大成人，便还政于神宗，悄然隐退，不再过问政事。当初的铁三角，如今已经四分五裂，危机正一步步向张居正逼近。

真是屋漏偏逢连夜雨，这年是万历十年（1582年），举国还未从春节的喜气中恢复过来，张居正却病倒了。张居正的病是痔疮。都说病来如山倒，病去如抽丝，这话一点都不假，张居正一连在床上躺了三个月，仍不见好转。

张居正等不得了，太多事情让他放心不下。朝中不能没有他，慈圣皇太后已经隐退，铁搭档冯保也成了众矢之的，自身难保，朝中还有谁可以支撑局面？张居正把朝中亲信细数一遍，没有一个有这样的胆识，没有一个有这样的能力。看看那些蠢蠢欲动、毫不安分的反对派，张居正哪里还在床上躺得下去。

更令张居正担忧的是，十年改革，初见成效，大明王朝正生机盎然，步入正轨。可是，潜伏的敌人，时刻伺机行动，推翻新政。

如此一来，一生的心血就会付诸东流，张居正不允许这样的事情发生。现下，是做决定的时刻了。

这日，宫中御医云集于张居正宅中，眉头紧锁，商量不出一个好的方案。张居正命令他们给自己做割除痔疮的手术，以斩草除根，永绝后患。但是，看众御医紧锁的眉头，张居正可以猜测到，他们没有十足的把握。成功与否，取决于上天是否配合。

张居正把自己的命运交给了上天，只是，上天没有眷顾张居正，手术使他元气大伤，张居正再也起不来了，回天无力。

万历十年（1582年）六月二十日，张居正撒手人寰，与世长辞，这年张居正五十八岁。

张居正的死，有人欢喜，有人忧。在这悲喜交加的时刻，表面上的功夫总是要做的，神宗为之辍朝，并赐谥号"文忠"，赠上柱国和太师的美誉。张居正的葬礼办得极尽奢华，阴间的他仍享受着在世间的一切富贵。

只是，在张居正尸骨未寒之时，一场针对他的风暴袭来了。神宗的报复拉开了帷幕，首先遭殃的是张居正的亲信。张居正重用的一批官员要么被削职，要么被弃市，无一有好下场。

冯保是个重点清算对象，江西道御史李植上疏弹劾冯保十二大罪状。随后，冯保被查抄家产，并发配到南京孝陵种地。冯保的弟弟冯佑、侄子冯邦宁也受到牵连，这二人都是都督，被削职之后又遭逮捕，最终死于狱中。

张居正的家属当然也不能幸免，饿死的，自杀的，流放的，逃亡的，一时之间其悲壮，无不让人心生感慨。一国权臣，生前是何等风光，竟然落得如此可悲的下场。如果张居正泉下有知，他该是怎样的无奈。

张居正的新政是又一个被攻击的对象，所谓人亡政息，众多小丑粉墨登场。张居正在万历六年（1578年），以户部颁布的《清丈条例》为依据，开始对全国的大部分土地进行清丈，至万历八年（1580年）清丈完毕。

这一清丈土地的行为，让张居正成为众矢之的。因为此举清丈出大量贵族地主和官僚地主隐匿的兼并土地，如此一来他们要上缴的赋税便会增加，这对于打击大地主豪强、增加国家的财政收入，有着积极的意义。毋庸置疑，张居正的敌人阵营正一日日壮大。群起而攻之，是中国人的一个本性，如今，在这千载难逢的时刻，是落井下石的时候了，有冤的报冤，有仇的报仇，跟一个已经在黄泉之下的人斗争，准保有赢无输。

一生为国任劳任怨，竟然换来如此结局。看黄仁宇的《万历十五年》，里面有一章说，世间已无张居正。正如黄仁宇所说，张居正死后，神宗并没有支撑起庞大的帝国，反而开始长期怠政。庞大的大明朝失去了重心，深一脚，浅一脚，再也站不稳，摇摇欲坠，终究是踏入危机，走向深渊。

皇帝休长假

万历皇帝是一个权力欲极重的人，但是他在早期也不是个平庸的君主，毕竟在其当政的早期，他搞定了三大征，即东北、西北、西南边疆几乎同时开展的三次军事行动：平定蒙古鞑靼哱拜叛乱；援朝抗日战争；平定西南杨应龙叛变。皇帝对于每一次军事行动，似乎都充分认识到其重要性。而且，在战争过程中对于前线将领的充分信任，对于指挥失误的将领的坚决撤换，都显示了他的胆略。

然而万历皇帝在处理了张居正、平定三方之后，就彻彻底底不理朝政了，他整天哼哼唧唧，说自己"一时头昏眼黑，力乏不兴"。礼部主事卢洪春还为此特地上疏，指出"肝虚则头晕目眩，肾虚则腰痛精泄"。不久，神宗又自称"腰痛脚软，行立不便"，病情加剧，于是真的不再上朝，总是召首辅沈一贯入阁嘱托后事。

其实他的这些毛病正被雒于仁说中，都来源于他的贪酒、贪色、贪财、贪享乐。

万历好酒，一则他自己爱喝，二则明末社会好酒成风。清初的学者张履祥记载了明代晚期朝廷上下好酒之习：明代后期对于酒不实行专卖制度，所以民间可以自己制造酒，又不禁止群饮，饮酒成风。喝酒少的能喝几升，多的无限量，日夜不止，朝野上下都是如此。神宗的好酒，不过是这种饮酒之风的体现罢了。

爱美之心人皆有之，万历也承认自己很好色。但他对专宠贵妃郑氏，有自己的说法："朕好色，偏宠贵妃郑氏。朕只因郑氏勤劳，朕每至一宫，她必相随。朝夕间她独小心侍奉，委的勤劳。"这样一个"勤劳"的妃子，把万历迷住了，万历日日宠幸，怎能不肾亏？

至于贪财一事，万历在明代诸帝中可谓最有名了。他说："朕为天子，富有四海之内，普天之下，莫非王土，天下之财皆朕之财。"在他亲政以后，查抄了冯保、张居正的家产，让太监张诚全部搬入宫中，归自己支配。为了掠夺钱财，他派出矿监、税监，到各地各处搜刮，他把钱当成命根，恨不得钻进金银堆里。

关于"气"，万历有说："人孰无气，且如先生每也有僮仆家人，难道更不责治？"看来他认为惩治那些不听他的大臣，便是一种生气。然而，这个皇帝"气"倒是没有生太多，反正他对朝政爱理不理，但是他好鸦片可是不争的事实。

他死时五十八岁，本来并不算老，可是他未老先衰，抽上了鸦片。鸦片可能没有缩短他的寿命，却毒害了他的精神。他的贪婪大概是天性，但匪夷所思的懒惰，一定源自鸦片的影响。

这酒色财气外加一个鸦片，万历的身体能撑到五十八岁，已经是个奇迹。如此倦怠的脾性，他敢在当政后期近三十年不上朝，也没什么稀奇。黄仁宇先生笑称这万历以帝王的身份做长期的消极怠工，在历史上也是一个空前绝后的例子。

确实如此，纵览明朝的十几个皇帝，将先人的统治手段遗传得最彻底的当数万历帝，他既有祖传的愚暴，又有鸦片烟瘾。从一代名臣张居正去世开始，他就很少和大臣见面，直到万历十七年（1589年）的元旦，那是天经地义必须跟群臣见面的大典，万历帝却下令取消。而且从那一天之后，万历帝就像被皇宫吞没了似的，不再出现。他这一隐就是二十六年，万历四十三年（1615年），他才因"梃击案事件"勉强到金銮殿上亮了一次相。

那一年，一个名叫张差的男子，闯入太子朱常洛所住的慈庆宫，被警卫发现逮捕。政府官员们对该案的看法分为两派，互相攻击。一派认为张差精神不正常，只是一件偶发的案件；另一派认为该事件涉及夺嫡的阴谋——万历帝最宠爱的郑贵妃生有一个儿子朱常洵，她企图让自己的儿子继承帝位，所以收买张差行凶。万历帝和太子都不愿牵扯到郑贵妃，为了向官员们保证绝不更换太子，万历帝才在龟缩了二十六年之后，走出他的寝宫，到相距咫尺的宝座上，亲自解释。

这一次朝会很是有趣。万历皇帝出现时，从没有见过面的宰相方从哲和吴道南，率领文武百官恭候御驾。然后万历和他的太子开始向大臣们表示彼此关系的亲密，以及万历对太子的信任，并询问诸大臣有何意见。当时方从哲除了叩头外，不敢说一句话，而吴道南则更不敢说话。两位内阁大人如此，其他臣僚自没有一人发言。御史刘光复大概想打破这个僵局，开口启奏，可是，一句话没说完，万历帝就大喝一声："拿下。"几个宦官立即把刘光复抓住痛打，然后摔下台阶，在鲜血淋漓的惨号声中，刘光复被锦衣卫绑到监狱。这就是万历隐身二十六年之后唯一的朝会，没谈国家大事，只有皇帝那声"拿下"，让大臣们胆战心惊，且后果惨重。从此又是五年不再出现，五年后，万历帝终一命呜呼。

历朝历代，一旦皇帝不愿处理政务但又不轻易授权于太监或大臣，整个文官政府的运转就可能陷于停顿，万历皇帝就是这么干的。由于年轻时受到太监冯保和权臣张居正束缚的影响，他对太监和大臣没有任何好感，但他又不愿意理朝政，竟导致朝内官员空缺的现象超常严重。

历史好像是一个"天理循环，天公地道"的过程，宋朝末期时，官吏过多的现象尤其严重，继宋之后在汉人统治的明末竟也出现了缺官的现象，这简直是历史的"怪圈"。

由于缺少官吏的管理，神宗又委顿于上，万历后期政府运作的效率极低。官僚队伍中党派林立，门户之争日盛一日，互相倾轧。东林党、宣党、昆党、齐党、浙党，名目众多。整个政府陷于半瘫痪状态。正如梁启超说的那样，明末的党争，就好像两群冬烘先生打架，打到明朝亡了，便一起拉倒。所以，张廷玉在《明史》中才有对明神宗万历帝的盖棺论定："明之亡，实亡于神宗。"

扑朔迷离的梃击案

万历四十三年（1615年）五月初四，这日天气晴朗，风和日丽，宫中后花园内花香四溢。太子朱常洛看着池中游来游去的金鱼，心情低落，声声叹息，这鱼自由自在多么快活，反观自己，却如笼中的鸟儿，在这宫中仅有一席之地，备受父皇冷落，处处看人脸色。

再看远处的高墙，想象着外面的世界，朱常洛嘴角露出浅浅的不易察觉的微笑，任谁都可以读出他眼中的羡慕。朱常洛今年已经三十三岁，却从未踏出过宫门一步，三十三年禁锢在紫禁城中，那是何等的绝望。

朱常洛始终沉浸在自己一生的委屈中，却没有注意到夜幕已降临，危机正渐渐逼近。

一阵吵闹，朱常洛的思绪被打断，重回现实。看着一群太监将一名男子拿下，朱常洛一脸茫然，全然不知刚刚发生了什么事情。

听太监说明事端，朱常洛惊恐万分，脸上血色全无。再看那男子手持木棒，近在咫尺，死神刚刚擦肩而过，朱常洛叹了一口气，心中的绝望陡增一层，更难以明说。

回到寝宫，朱常洛命太监将此事上报神宗后，便一声不发，将自己关在房间内，独自黯然神伤。一生种种眼前飘过，不免潸然泪下。

朱常洛生母王氏，是慈圣皇太后身边的一个小宫女，神宗一时性起，临幸了她。王氏肚子争气，于万历十年（1582年）八月，生了皇子朱常洛。朱常洛此种经历跟他的父亲有异曲同工之处，只是今非昔比，人不相同，两个人命运也大相径庭。

这神宗是个不愿负责的男人，硬是死不认账。逼得慈圣皇太后拿来《起居注》，两相对峙，神宗无言以对，终究默认了。

神宗不喜欢朱常洛，这成了众人皆知的事实，母子两人备受冷落，朱常洛的日子甚不好过。只是，更大的苦难随之降临了，这成了他终生的噩梦。

神宗宠爱郑氏，万历十四年（1586年），郑氏生了皇子朱常洵。神宗的宠爱到了无以复加的地步，视朱常洵为掌上明珠，捧在手心怕碎了，含在嘴里怕化了，朱常洛只有看着艳羡的份儿。

所谓母凭子贵，朱常洵出生后，郑氏被封为贵妃，而这时，朱常洛的母亲王氏依旧是一个小小的恭妃，这母凭子贵的古训，在他们母子身上失了功效。

张居正死后，神宗亲政，独揽大权，神宗终可以为所欲为。神宗视朱常洛母子为耻辱，看着碍眼，便寻机将王氏打入冷宫。母子分离，王氏不得见儿子，终日以泪洗面，抑郁成疾，双目失明，在冷宫内过得相当凄凉。

朱常洛眼看母亲如此，却也无能为力，唯恐惹父亲心烦，更不敢去请旨探母，直至万历二十九年（1601年）。这年，王氏病重，朱常洛才得见母亲一面。这是母子最后一次见面，不久，王氏归西。

王氏走了，朱常洛孤苦伶仃，孑然一身，在深宫之中，倍感孤单，还要时刻面临父亲神宗的刁难。

煎熬中，十几年过去了，朱常洛虽无助，却也平安无事。按说已经到了出阁读书的年纪，看着弟弟朱常洵日日去听讲官讲课，朱常洛万分羡慕。幸福是他的，孤独是我的，终有一日，我也可以的。每每如此，朱常洛都如此安慰自己。

神宗一碗水端得太不平，他不允许朱常洛上学读书，理由可想而知。朝中大臣看不下去，纷纷上疏，神宗不问青红皂白，便将人轻者杖责，重者贬职。如此自私，如此不合礼法，神宗却做得毫无愧意。

但是，生在帝王之家，若是个文盲，那也不像话，于祖宗无法交代，朱常洛十五岁时终得神宗允许，可以出阁读书。

朱常洛不得宠爱，宫中尽人皆知。在宫中生存久了，人人都变得势利了，那些宫女太监也不拿这个未来的太子当回事。寒冬，朱常洛去听讲师讲课，冻得浑身打战，脸色铁青，那些太监竟然不给他生火取暖，朱常洛在宫中生活之艰难可见一斑。

神宗为所欲为了几年，才发现有些事情，纵使站在再高的位置，拥有再大的权力也没法控制，是什么让神宗有如此感慨？原来这个让神宗苦恼了许久的事情是两个字，祖制，不可更改的祖宗制度。

随着时光的流逝，一个问题被提上了日程，那就是立太子的事情。太子之位至今空虚，这于情于理都不合祖制，早立太子，便可早"定天下之本"。

在中国历代皇朝的礼制中，皇位继承一般都遵循一个原则，那就是：父死子继，有嫡立嫡，无嫡立长，帝无子嗣，兄终弟及。通俗而言，要立皇后所生的嫡长子为太子。神宗皇帝的皇后无子，便应按照传统，立长子为太子。

按照祖制这种逻辑推理，朱常洛纵使再不受欢迎，也仍是合法的继承人，谁让他是神宗的第一个儿子呢。

郑贵妃日日在神宗枕边吹风，神宗心领意会，况且神宗对朱常洛种种，也无异于告诉世人，他不想立朱常洛为太子，他宠爱的是朱常洵。

这年冬天，朝臣的上疏如同雪片一样纷纷而至，神宗有些应接不暇。上疏千篇一律，坚决要求尽早立皇长子朱常洛为太子，其中尤以东林党言辞最为激烈。

群臣要求合情合理，神宗自己在六岁时就被立为太子。因为那个众人都晓得的理由，神宗一直不愿意立朱常洛为太子，但是又不能公然说出自己的意愿，这可是欺师灭祖的大不敬之罪。神宗磨磨蹭蹭，支支吾吾，一再拖延，绝口不提立太子之事。

群臣的上疏石沉大海，他们自然不会善罢甘休，一份份奏折再次摞在了神宗的案几上，神宗头大了，看来不回应，便永无安宁之日。

这日,就寝时间已到,神宗仍在床前踱来踱去,群臣立太子之事,该如何交代,神宗开始动起脑筋来。

次日,神宗将三个儿子,朱常洛、朱常洵和朱常浩同时封王。其实,神宗这点小九九,群臣都看在眼里,他虽嘴里说着日后择其善者封太子,心里还是想把这太子之位给朱常洵。

群臣不从,神宗不让步,立太子之事就这么一直僵持着,足有十五年之久,直到慈圣皇太后出面,朱常洛才被立为太子。这年是万历二十九年(1601年),朱常洛十九岁。

朱常洛被立为太子以后,仍不得安宁,他的弟弟朱常洵虽已封王,仍然被神宗留在宫中,这对他始终是一种潜在隐患。

万历四十二年(1614年),朱常洵离开皇城到其封地,朱常洛心里的大石头终于落地,他的太子之位,可以坐得安稳了。

回到正题来,话说,这太子朱常洛差点儿遭遇杖打,这事在朝廷传开,"举国惊骇"。神宗下诏细查,结局却不是他乐意接受的。

当时朝廷之中,派系林立,比较有影响的政治集团有以顾宪成为首的东林党和由浙江人组成的浙党。各个党派不以国事为重,反而相互攻击,形成了历史上非常有名的明末党争。

负责审理此案的是浙党官员。经审问,准备袭击太子之人名张差,被两个太监蛊惑:"令我打上宫门,打得小爷,有吃有穿。"这两个太监是庞保和刘成。

此事还了得!这两个太监乃是郑贵妃宫内的人,如此一来,就跟郑贵妃扯上了关系,难不成是郑贵妃指使?浙党素跟郑贵妃走得近，便想以此人疯癫为由草草结案。

东林党这下不干了，他们站在朱常洛一方，坚决要求彻查此事。东窗事发，事情终究是跟郑贵妃扯上了关系，朝廷议论纷纷，郑贵妃捅了这么大的娄子，哭哭啼啼，去向神宗求救。

神宗也没有办法，解铃还须系铃人，"外廷语不易解，若须自求太子"。神宗亲带郑贵妃去朱常洛处求情，朱常洛性情软弱，不愿得罪父皇与郑贵妃，便息事宁人。

张差被处死，两个太监后被秘密处死，此事算是了结。

女真兴起

嘉靖三十八年（1559年）清晨，建州左卫正沉浸在一片安宁之中，人们就要从睡梦中醒来，新的一天就要开始。一声嘹亮的婴儿啼哭声打破了这份宁静，惊醒了沉睡中的万物。女真奴隶主贵族塔克世喜得贵子。

这个孩子除声音洪亮之外跟普通的孩子无甚差异，但是，你若知道了他的大名，必定惊叹不已。此儿乃是努尔哈赤，埋葬大明王朝的掘墓人，未来新朝的奠基者。

女真，是一个古老的少数民族，世代生活在东北地区。"金之先，出靺鞨氏。本号勿吉。勿吉古肃慎地也。元魏时，勿吉有七部：曰粟末部，曰伯咄部，曰安车骨部，曰拂涅部，曰号室部，曰黑水部，曰白山部。隋称靺鞨，而七部并同。唐初，有黑水靺鞨，粟末靺鞨，其五部无闻。"（《金史》）

根据史书记载，在隋唐时期，女真被称为"黑水靺鞨"，到唐朝末年才改名为"女真"。到了辽，为了避辽兴宗耶律宗真的名讳，而称为

"女直"。后又改回女真，此称呼一直到皇太极改女真为满洲而停用。

女真人在历史上多有建树，曾先后建立过金朝、东夏、后金等政权。

言归正传，努尔哈赤的诞生，带女真进入了一个不一样的天地，这还需从李成梁镇守辽东说起。

张居正任首辅以后，"用李成梁镇辽，戚继光镇蓟门"，李成梁镇守辽东有三十年之久，辽东边境有来自蒙古与女真的威胁，但是当时主要威胁来源于蒙古，明朝将矛头全力指向蒙古。除加强军事防御以外，还用羁縻政策，与蒙古建立封贡关系。

随着蒙古鞑靼部首领俺答汗归西，明朝对蒙古的控制逐渐松弛，蒙古各个部落的矛盾也逐渐激化，明争暗斗，相互倾轧，李成梁利用各部之间的矛盾各个击破，屡战屡胜，蒙古逐步走下坡路。

李成梁在打击蒙古的同时，也不忘海西女真的威胁。明代女真分裂为建州女真、海西女真、东海女真和黑龙江女真。当时，真正对明朝构成威胁的是海西女真，海西女真不仅实力最强，且靠近辽东腹地。李成梁多次对海西女真用兵，大获全胜，致命的打击使其不敢越边界一步。

李成梁一手打蒙古，一手攻海西，但没注意到一个潜在的危机悄然兴起，努尔哈赤领导建州女真乘隙崛起。

话说这李成梁与努尔哈赤可谓关系复杂，不是一句两句就能说清楚的。年少时，努尔哈赤曾在李成梁手下供事，而李成梁的儿子娶了舒尔哈齐之女为妾，这舒尔哈齐不是别人，乃是努尔哈赤的亲弟弟。当时有民谣为证，"奴酋女婿作镇守，未知辽东落谁手"。

但是，这李成梁却也是努尔哈赤的杀亲大仇人。这事，还得从努尔哈赤的外祖父说起。

努尔哈赤的父亲塔克世，娶了三个妻子，努尔哈赤的生母喜塔喇氏，乃是建州卫首领王杲的女儿。这王杲足智多谋，又骁勇善战，汉化程度较深，是建州女真部的著名首领。

只是，这喜塔喇氏短命，在努尔哈赤十岁的时候就去世了。努尔哈赤的好日子到此为止，继母对他百般虐待，为生存他只能自求温饱。

十五岁那年，努尔哈赤不堪继母虐待，带领十岁的弟弟舒尔哈齐投奔外祖父王杲去了。

这个王杲，仗着实力雄厚，便常常骚扰边境。万历二年（1574年），王杲以朝廷断绝贡市、生活物资短缺为由大举进犯沈阳。

神宗任命辽东总兵李成梁为总督，剿匪平叛。李成梁六万兵力，围攻王杲营寨。王杲的营寨在山上，地势险要，又有城墙高筑，可谓易守难攻。李成梁先以火攻，营寨漫天大火，守军不攻自破。李成梁"毁其巢穴，斩首一千余级"。

王杲骑马逃跑，因其身穿红袍，甚是好认，追兵穷追不舍，王杲胳膊中箭落马，后与随从换衣而逃。

王杲刚出狼窝又入虎穴，遭遇海西女哈达部首领王台，这个王台为邀功，将其捆绑，献给朝廷。

王杲被杀，其子阿台侥幸逃脱，其他亲属被流放，投奔外祖父的努尔哈赤兄弟二人也被捕，生死未卜。

努尔哈赤跟随外祖父多年，习得一些汉语，便以汉语对李成梁一番恭维之言。好话谁不爱听，李成梁见其聪明伶俐，便将他们兄弟二人赦免了，还让其在自己的手下供事。

在鬼门关上走了一趟，努尔哈赤又回来了，李成梁不知道，他这么做是在放虎归山，为大明留后患。他当然更不能想象，这个手下的小喽啰，会是大明王朝的掘墓人，一念之差，李成梁成就了一个人，更成就了一个新的王朝。

努尔哈赤毕竟是马背上长大的孩子，马术、弓射无不精湛，征战更是骁勇，可谓有勇有谋，是个将才，李成梁对他非常赏识，让其跟随左右。

努尔哈赤对李成梁也是无比恭敬，无限忠诚，但是，这种感情并不单纯，毕竟是杀亲仇人。他始终在报仇与效忠之间犹豫不定，这份徘徊终使他离开李成梁。

这年，努尔哈赤的父亲塔克世来信，让其回家成亲，努尔哈赤借机离开了李成梁。这时距离他入李成梁麾下，有三年之久，努尔哈赤已十九岁。

王杲之子阿台逃出以后，便依山筑城，蓄积力量，以伺时机，为父报仇。还未等其准备妥当，李成梁便带兵打来了。

万历十一年（1583年），李成梁以"阿台未擒，终为祸本"为由，说服神宗，再次围剿阿台。时努尔哈赤的祖父觉昌安、父亲塔克世也在城内。

这年，女真部族矛盾丛生，相互攻讦、互为倾轧之事常常发生。建州女真苏克苏浒河部图伦城的城主堪外兰与阿台素有矛盾，为报仇，便自请带兵攻城。

堪外兰足智多谋，在城外宣扬凡能杀阿台者，便可为此城城主。重赏之下必有勇夫，阿台部下信以为真，将阿台杀掉，树白旗，开城门。

明军破城而入，大开杀戒，不分男女老少，一时之间，血流成河。努尔哈赤的祖父、父亲皆被杀害。

努尔哈赤听闻亲人遇害，悲痛不已，单骑入李成梁营帐，质问："我祖、父故被害？汝等乃我不共戴天之仇也！汝何为辞？"李成梁无言以对，沉默良久，答："非有意也，误耳！"如此便把努尔哈赤打发了，努尔哈赤哪里肯善罢甘休，下定决心，这不共戴天之仇，终有一日要连本带利索要回来。

明朝廷为示安慰，赐予努尔哈赤"敕书三十道，马三十匹"，加封建州左卫都指挥使。所谓君子报仇，十年不晚，况且如今实力不足，需蓄精养锐，以待时机，努尔哈赤表面上欣然接受，但是仇恨的火苗，已经燃烧成熊熊烈火。努尔哈赤这熊熊烈火将要引燃整个大明，让整个大明葬身火海，这个代价确实够本。

努尔哈赤以父亲遗留的十三副铠甲起兵复仇，第一个目标便是堪外兰，他以百余人的兵力将其除掉，这一年努尔哈赤二十五岁。

努尔哈赤下一步的目标便是统一女真各部。这是一个艰难的任务。在统一的过程中，努尔哈赤对明朝的政策也不断随着实力的增强而变化。阎崇年将其归纳为两面政策，即先是只称臣，不称雄；继而明称臣，暗称雄；进而边称臣，边称雄；最后不称臣，只称雄。此种说法，甚是妥当。

努尔哈赤统一女真各部，始终贯彻"顺者以德服，逆者以兵临"的战略方针。功夫不负有心人，用时三十六年后，终大功告成，一个强大的女真兴起了。

第四章

朱常洛的悲摧生涯

皇帝很烦恼，皇帝不高兴

在一个炎热的中午，明神宗突然"神"性大发，独自在皇宫踱步。一个人在树荫下走来走去，看着蝴蝶成双成对地飞来飞去，他突然觉得有点儿寂寞。那个时候，明神宗已经有皇后了。可是，皇后的肚子非常不争气，几年都没生一个孩子。想到自己年纪不小了，却还没有皇位的继承人，明神宗越想越闷。

走着走着，抬头一看，明神宗才发现他来到生母慈圣皇太后的慈宁宫。慈圣皇太后原本是一个地位卑微的宫女，神宗的老爹穆宗一次偶然的临幸，让她怀了孕。生下神宗后，慈圣皇太后的生活从此改变，这叫母以子贵。然而，神宗遗传了皇室血脉中的高傲和自负，他总为自己的生母出身卑微而羞愧，有时甚至不想见到慈圣太后。作为疼爱子女的老母亲，慈圣皇太后的心思非常细腻，一看神宗的脸色，她就知道神宗在想什么。既然神宗嫌弃，不愿见面，慈圣皇太后也不勉强。因此，几十年下来，神宗同慈圣皇太后的感情就如山间缥缈的烟雾，若有若无，时多时少。

尽管神宗不愿见到慈圣皇太后,但他自幼受到慈圣皇太后的教育,孝顺父母的心还没有完全泯灭。既然来到生母的住所了,无论如何都要进去逛一圈,否则即使有一千个理由也说不过去。事有凑巧,慈圣皇太后不在,也就是说神宗可以马上转身就走。可是,神宗觉得走累了,就随便坐下歇歇。

一位姓王的宫女端来茶水时,神宗正怔怔地看着窗外,细想人生。不可否认,神宗是一个多情种子,这从他对郑贵妃的宠爱中可以看出。就在转头这一瞬间,神宗突然发现,眼前的宫女有几分姿色。必须强调,这位姓王的宫女只有几分姿色,否则,后来的事就不会发生了。

被皇帝看上,宫女无论如何都不能拒绝,何况这时的神宗还没有生一个儿子。如果这位姓王的宫女的命同慈圣皇太后的一样好,皇帝一次偶然的临幸就能生出龙种,她的生活将会从此改变。很巧,由于神宗这次偶然的临幸,这位姓王的宫女真的怀孕了。更为奇特的是,这位宫女生下的孩子,是一个胖嘟嘟的大男孩。

听了这事后,神宗简直不相信自己的耳朵。他同皇后生活了几年,皇后连一个男孩都生不出。可是,一次偶然的临幸竟然使一个地位卑微的宫女为他生了第一个男孩,真的太意外了。为了保全面子和维持傲慢自负的人格,神宗决定否认此事。他是这么想的,堂堂一国之君,竟然同一个地位卑微的宫女生下一个未来的皇帝,传出去岂不让人笑破肚皮。其实,他这位堂堂的一国之君,原本不过是一个地位卑微的宫女所生的孩子。神宗看不起地位卑微的宫女,有着极其深刻的心理发育不正常的原因。

神宗以临幸宫女为耻,他生母慈圣皇太后却以宫女生下龙种为荣。听说这位姓王的宫女为她生下第一个孙子后,慈圣皇太后可是乐开了花。听说神宗想否认此事后,慈圣皇太后气得连地皮都给跳破了。凭着惺惺相惜的感情意气,这位曾经是宫女的慈圣皇太后决定插手干预,为姓王的宫女讨一个公道。多年以来,这是慈圣皇太后第一次同神宗叫板。

在进行对质的时候,一个太监的出现彻底击败了神宗的抵赖。对皇帝的生活起居,明朝有一整套严密的监视系统,太监因身份特殊而被委以监视皇帝的重任。具体来说,皇帝何时起床,夜晚同谁睡觉,白天到哪里逛都有太监监视。这些太监不仅负责监视皇帝的一言一行,还进行记录,即使是皇帝的性生活,也要完完整整、一字不漏地记录。这些关于皇帝言行举止的记录,全部记录在一本名叫《起居注》的书中。

面对铁证如山的白纸黑字,神宗即使有"神"性,也不得不承认,后来追立姓王的宫女为恭妃。心中的大石落地后,慈圣皇太后和蔼地对神宗说,她年纪一大把,还不知道抱孙子是什么滋味。既然上天通过恭妃的肚子成全她,神宗应该好好地对待恭妃。神宗满口应承,心里却巴不得恭妃母子早死。

在皇宫大院内,有母因子贵,也有子凭母贵。可惜,恭妃母子命苦,神宗没有因为恭妃生了一个儿子而加倍疼爱她,她的儿子朱常洛反而因为母亲出身低微而被神宗轻视。朱常洛生于万历十年(1582年),在之后的岁月里,陪伴他的不是父亲的慈爱,而是父亲的冷漠。一个小小的孩子,天天都要面对冷漠的父亲,并且要极力讨父亲的欢心，这对朱常洛的伤害是何其大。

朱常洛母子等了四年，都没有等到神宗册立长子朱常洛为太子。四年以来，有不少为国家前途担忧的大臣多次上书，奏请神宗早些册立朱常洛为太子。可是，神宗对一切置若罔闻，等闲视之。如果有大臣请求册立太子的呼声太高了、过火了，神宗就略微惩罚一下，以示警诫。

四年后的一天，朱常洛母子的生命里出现了两个人，就是大名鼎鼎的郑贵妃母子。与恭妃相比，郑贵妃不仅出身好，人长得漂亮，更为重要的是她能迷住神宗。万历十四年（1586年），郑贵妃成功为神宗生了一个儿子，取名朱常洵。子凭母贵的老惯例，在朱常洵身上得到了完美的体现。

利用神宗的宠爱，野心不小的郑贵妃天天在神宗耳边吹风，劝说神宗立朱常洵为太子。这个朱常洵由于处在郑贵妃和神宗的宠爱之中，整天欢蹦乱跳，比一天到晚都闷闷不乐的朱常洛讨人喜欢多了。综观当时的局势，大明朝的下一任皇帝，注定要在这两个同父异母的兄弟中产生。

万历想废长立幼，这从他平常的一举一动中都可以看出，因为他对待朱常洵母子好得不能再好，对待朱常洛母子却差得不能再差。然而，如果神宗想废长立幼，必须先过文武百官，尤其是不怕死的士大夫那一关。这帮士大夫深受长幼尊卑的影响，即使鬼头刀架在脖子上，他们也不同意废长立幼。

等了几年，头发都等白了，还不见皇帝册立长子朱常洛为太子，反而见到神宗废长立幼的苗头越来越明显，户部给事中姜应麟第一个向神宗发难。在奏疏里,他要求神宗早些册立太子,以安定天下。他的原话是"册立元嗣为东宫,以定天下之本"(《明史》)。自古都认为太子是天下之本,因为神宗册立太子一事引发了一系列的矛盾斗争,因而相关一系列的斗争被称为争国本。

姜应麟的这一封奏疏就像投向平静湖面的一块大石,顿时激起千层浪,整个大明朝廷都受到了影响。附和他一起主张册立朱常洛为太子的人有吏部员外郎沈璟和刑部主事孙如法。因为神宗不理不睬,六部尚书和首辅等人相继加入奏请立长子为太子的战斗。从当时的情况看,册立太子之请已经从个人奋斗发展到了群情激愤的状态,使情况更为复杂的是,朝臣内部出现党派之争。如果神宗再不采取措施,事态将会越发严重,后果将不仅仅影响太子的册立。

紧接着,为控制事态,神宗终于以积极镇压的方式对这一事态做了消极的回应。那些呼声最高、号召力最强的官员纷纷被以各种罪名贬斥,大部分人被革职查办,不少人被发配充军,有的甚至被问罪入狱。

儿子终于可以读书了

万历十八年（1590年），沉寂了四年多的士大夫再次敲响册立太子的战鼓，第一个向神宗下挑战书的是首辅申时行。申时行代表他身后无数的士大夫告诉神宗，皇长子已经九岁了，到懂事的年纪了，应该及早册立他为太子，好让他开始熟悉管理国家的大事。

这时的皇三子朱常洵才五岁，年纪小得很，神宗不方便在册立太子一事上提到他。为了敷衍申时行，神宗说他没有嫡长子，因此册立长子朱常洛为太子是早晚的事，他还劝申时行等不要听信皇帝将要废长立幼的谣言，神宗保证无论如何绝不废长立幼。

每次提到册立长子朱常洛为太子的事，神宗不是推说长子年幼，就是以长子身体羸弱，不适宜在年幼的时候册立为由拒绝。士大夫们苦苦想了几年，终于找到一个破解神宗这个幌子的法宝。申时行此次提议，就是以这项法宝为撒手锏。

看着神宗一脸冷漠的表情，申时行接着说，皇长子已经九岁了，到出阁读书的年龄了。听到这句话，神宗就像在大旱天听到响雷，不由得一惊。在明朝，如果送皇子出阁读书，就等于变相承认他是太子。朱常洛已经九岁了，如果拒绝送他出阁读书，于情理上说不过去；可是，如果送朱常洛出阁读书，就等于承认他是太子，神宗无论如何都不干。

看着申时行得意的表情，神宗突然想到一个拒绝的好理由。他对申时行说，如果一个人天生聪明，即使没有老师教育，最终还是一个聪明的人。神宗的言外之意是，朱常洛不太聪明，无论多么好的老师都教不好，何必浪费大家的精力。神宗的这句话，傻子都听得出来他是在影射朱常洵聪明伶俐，乖巧可爱。

申时行听了后，不甘示弱，狠狠地还了一击。他义正词严地说，人的天赋有差异，但环境因素也不可忽略。无论多么聪明的一个人，如果不跟随老师学习，最终还是不能成才。这话的言外之意是，既然朱常洛天赋差，就更应该及早跟随老师学习。只有通过勤学苦练，朱常洛才赶得上那些天赋较好的人。

这一对君臣你来我往，针锋相对，彼此都不示弱。争论到最后，神宗倦怠了，只得告诉申时行早些回家休息。这一次争论，申时行明显占了上风。在申时行就要退出的那一刹那，一个小太监急忙跑出来。他对申时行说，皇帝召见朱常洛和朱常洵，既然申时行来了，就顺便看看这两兄弟一眼。神宗的意图很明显，他让申时行见朱常洛和朱常洵，只是想告诉申时行，朱常洵确实比朱常洛优秀。

不一会儿，一高一矮的两个小孩子并排走来。高的那个一脸矜持，似乎很害怕见到神宗；小的那个蹦蹦跳跳，一见到神宗就伸手要抱。神宗指着高的那个，说他就是朱常洛。申时行看着神宗无比怜惜地抚摩着小的孩子的头，一眼就猜到他是朱常洵。两个孩子，一高一矮，高的木讷，矮的活跃，这更加突显了朱常洛的劣势。

当此情境，申时行也开始沉默了。他似乎在暗问自己，让一个呆呆木木的孩子领导大明的未来，行得通吗？如果行不通，整个大明也许会败坏在他手上。可是，不管怎么说，朱常洛都是神宗的长子。如果他的太子之位被废除，后世可能会有无数皇帝效仿神宗废长立幼的坏规矩。在官场混了多年的申时行深知，如果皇位的继承规矩被破坏，遗留的后患将无穷。

在沉默的这一小段时间里，神宗的一双眼静静地凝视着申时行。申时行的脸色从怀疑变为忧虑，紧接着又变得非常坚定。神宗知道，无论如何，申时行都不会同意废长立幼。一小会儿后，神宗以略带伤感的口吻告诉申时行，他已经安排内侍教朱常洛读书了。

让内侍教长子读书，这明摆着就是说，不到最后一刻，神宗绝不屈服。既然神宗玩硬的，申时行也豁出去了，陪皇帝玩一把。他对神宗说，神宗在东宫的时候，六岁就开始读书。朱常洛已经九岁了，就连读书都还被关在家里，这对朱常洛很不公平。申时行所说的公平，不仅指读书，更指册立太子一事。

事情很简单，如果神宗早些册立朱常洛为太子，朱常洛就不会受到那么大的煎熬。一个孩子从年幼就受到权力的煎熬，即使是天才，也会变成傻子。当然了，遭受册立太子一事煎熬的不止朱常洛一人，还有神宗、郑贵妃和士大夫们。

申时行怔怔地走到朱常洛面前，转过头，由衷地对神宗说，皇

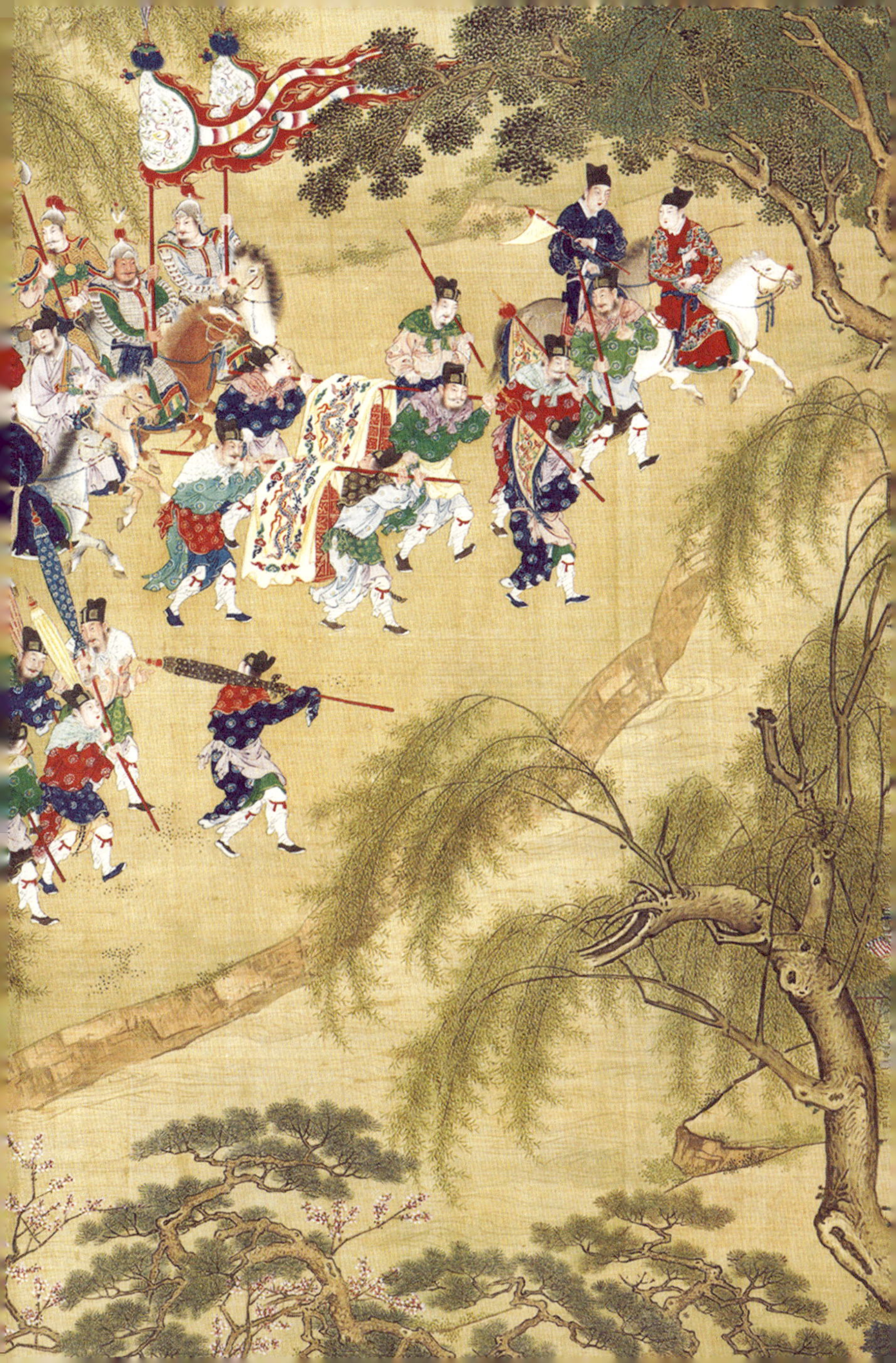

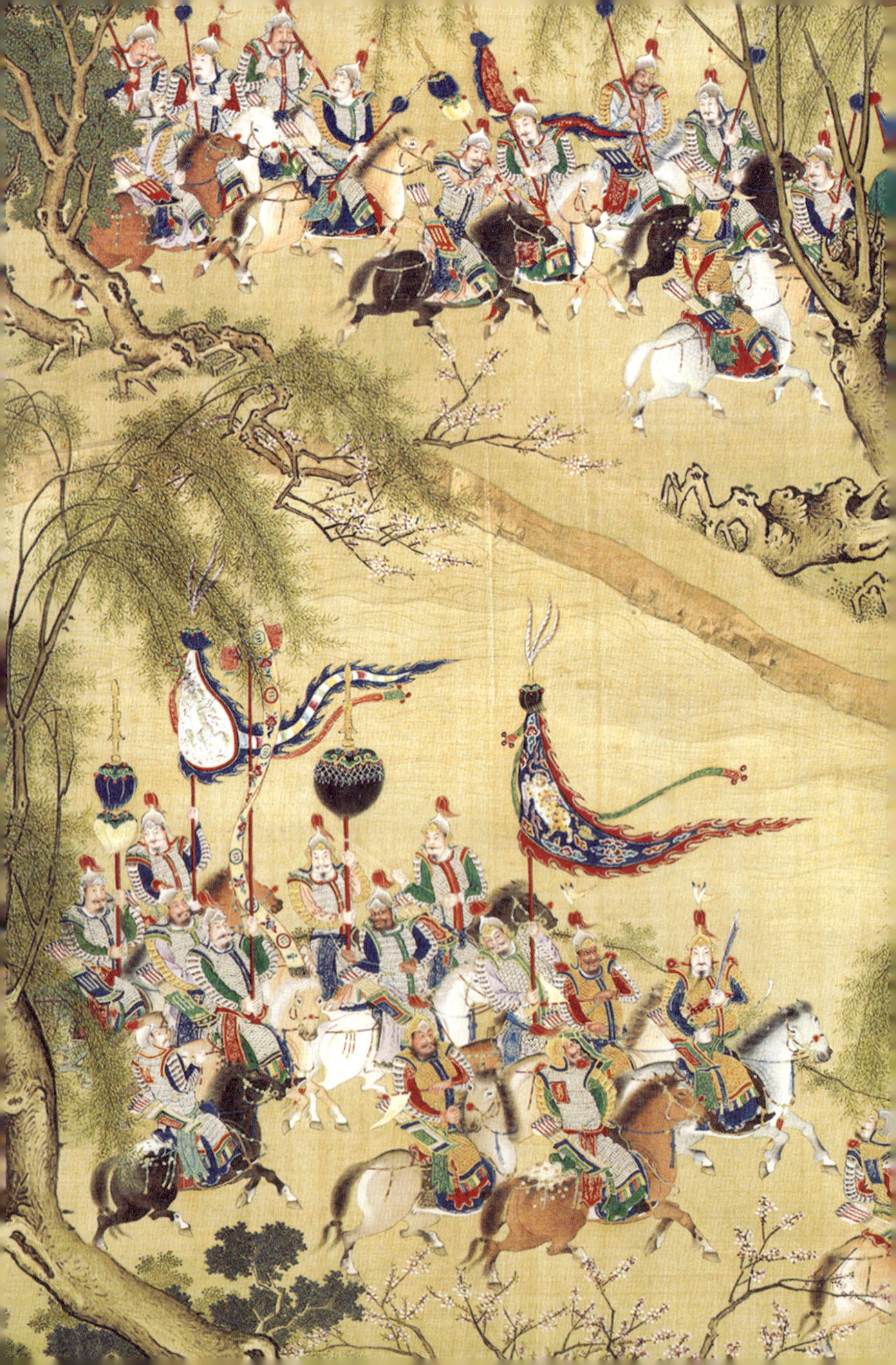

长子气宇非凡，长大了一定会干大事，成大器。神宗能够生出这样的一个儿子，是上天赐予的福分。如果神宗能够早些册立长子为太子，这不仅是他个人的幸事，更是朝廷和国家的幸事。面对倚老卖老的申时行，神宗除了答应立朱常洛为太子外，就没有其他办法了。

可是，神宗又一次施展拖延战术。到了月底，朱常洛还没有被允许出阁读书。申时行越等越不耐烦，越等火气越大。神宗过了大半个月的安静日子，他认为士大夫们放弃了。但是，他错了，士大夫们不但不放弃，进攻的火力反而越发凶猛。

第二个奏请让朱常洛出阁读书的是王锡爵，为了打动神宗，他竟然连朱常洵一起拉上。王锡爵的意思很简单，如果让朱常洵和朱常洛一起出阁读书，神宗同意的可能性会更大。神宗似乎看出了王锡爵的阴谋，迟迟不给答复。神宗不予答复，士大夫们不知道他是同意还是不同意，只能干等。

到了四月份，士大夫们实在等不住了，申时行、王锡爵、许国和王家屏先后上奏，以各种不同的理由乞求告老还乡。看着这几个重要人物的辞职信，神宗感到不能再拖延册立太子的事了。如果再拖延下去，可能其他朝臣会跟着这四个大人物闹罢工。如果满朝上下一起罢工，全国政务将会陷入瘫痪。

这一次，神宗让一步，向士大夫们妥协。他召集士大夫们，表示让朱常洛出阁读书，并答应在近期内册立太子。听了这个激动人心的消息后，士大夫们高兴得都疯了，就像死后重生一样。但是，他们高兴得过早了。后来的事实证明，神宗不仅忽悠了他们，还又一次采用了拖延战术。

册立太子：总算熬到头了

神宗皇帝没有大谋略，也没有大气魄，可是他的小聪明很多。他嘴上答应送朱常洛出阁读书，也履行了诺言，可是他的一切安排却大出众人的意料。面对这个专门耍小聪明的皇帝，士大夫们只感到哭笑不得。

朱常洛出阁读书的时候，年纪已经十五岁了。这十五年来，他们母子一直生活在神宗的阴影里。如果神宗不笑，他们母子绝不敢笑；如果神宗哭泣，他们母子不得不跟着哭泣。更令人气愤的是，神宗竟然对他们母子玩冷暴力。心情好的时候神宗不理睬他们母子，心情差的时候神宗就拿他们母子当出气筒。

与朱常洛母子相比，朱常洵母子简直是在天堂里生活。首先，神宗对郑贵妃百般疼爱，总是待在郑贵妃的住处，有什么好处都先给郑贵妃母子。其次，朱常洵养尊处优，不仅衣来伸手，饭来张口，甚至是想要什么就能得到什么。可以想象，如果朱常洵想要天上的星星，就算花费九牛二虎之力，神宗也会尽力给他摘下来。

士大夫们看着神宗厚此薄彼,无不义愤填膺,争着抢着为朱常洛母子打抱不平。从人类的怜悯情感的角度分析,士大夫们拼了老命为朱常洛争夺太子之位,除了深受正统道德观念的影响外,对他们母子遭遇的怜惜也是一个重要原因。

这些年来,朱常洛母子所过的生活,简直不是正常人过的。如果没有士大夫们拼死力争,他们母子可能早就已经到阎王爷那儿报到去了。以朱常洛出阁读书为例,神宗胡乱为他请了一个老师。更令人感到好笑的是,为了让这个老师消极怠工,神宗竟然不给他提供饭菜。然而,上天总是眷顾善良人。这个老师有一身铮铮铁骨,神宗不给他提供伙食,他就自带伙食。老师也许没有教给朱常洛很多知识,但是朱常洛至少从他身上学到了什么是"自食其力"。

在册立太子一事上,神宗死拖,硬生生使这场斗争持续了十五年。这十五年来,一共有四个首辅因为争国本一事被逼退。其他人都走了后,沈一贯在万历二十九年(1601年)成功登上首辅的宝座。沈一贯曾与张居正、申时行和王锡爵等人共事,但他的才能和为人都没有这些人好。《明史》对沈一贯的评价是圆滑融通,知道权变,这就不难理解他能够坚持到最后的原因。

刚刚当上首辅,同前几任一样,沈一贯马上上书,奏请神宗册立朱常洛为太子。他的理由是,朱常洛已经不小了,到成婚的年龄了。如果神宗册立朱常洛为太子,他就能马上结婚。只要太子成婚,神宗就有孙子抱了。

这封奏疏看似简单,含义却很深。首先,这个时候的神宗已经一大把年纪了，他不能指望再让皇后生一个嫡子。明朝的祖训是立嫡不立长，可是神宗没有嫡子，只能册立长子。神宗也曾想过将朱常洵变为嫡子，可前提条件是郑贵妃被封为皇后。但郑贵妃想被封为皇后，除非皇后死了或者被废黜。但是，皇后的身体健康得很，再活几十年都不会死。再说，皇后一生规规矩矩，堪称是天下的典范，神宗根本找不到废黜她的理由。

其次，因为争国本一事，神宗已经众叛亲离，成了一个名副其实的孤家寡人。这十多年来，除了四位首辅被逼退外，还有十多位尚书级别的官员主动告老还乡，中央和地方的官员加起来一共有三百多人受到牵连，其中被罢免、解职、发配的就有一百多位。为了立一个太子，这么多人受到牵连，可以说争国本是万历年间最大的政治运动。更令人想不通的是，争国本这么一件纯粹的皇权争夺事件，竟然引发了深受历史诟病的党争。

促使神宗在万历二十九年（1601年）立朱常洛为太子的另一个原因是，他得罪了一个绝不能得罪的人——身份尊贵的慈圣皇太后。慈圣皇太后也是宫女出身，她也是在穆宗的一次偶然临幸才生下神宗。生活的相似性决定了李太后对朱常洛母子十分偏爱，如果没有慈圣皇太后撑腰，神宗又怎么会承认朱常洛是他的孩子。

等了十几年，神宗还不册立太子，为了给朱常洛争取太子的身份，有事没事，慈圣皇太后都要去会会神宗。起初，母子相见，自然有许多话说。随着相见次数的增加，慈圣皇太后母子的话就越来越少。他们的话很少，可谈的内容都很关键，日子一长，神宗就发现，他母亲也赞同立朱常洛为太子。

一天，慈圣皇太后问神宗为什么不立朱常洛为太子。不知道神宗在想什么，他竟然脱口说出，因为朱常洛是宫女的儿子。神宗还没反应过来，慈圣皇太后已经勃然大怒。她铁青着脸，厉声对神宗说，他也是宫女的儿子。

俗语言，儿不嫌母丑。神宗说这话的时候也许是无心的，但慈圣皇太后听了十分不舒服。这句话明摆着神宗嫌弃他母亲的出身。母亲辛辛苦苦养大一个孩子是多么不容易，听到孩子嫌弃自己的话又是多么伤心。看见慈圣皇太后勃然大怒，神宗才发觉自己犯了一个不可饶恕的错误。

尽管神宗连忙赔不是，可他对慈圣皇太后的伤害已成事实。行动是最好的道歉，如果神宗立朱常洛为太子，就表明他不嫌弃母亲是宫女出身。相反，如果神宗不顾众人的反对，坚决立朱常洵为太子，就表明他嫌弃母亲的出身。如果他真的立朱常洵为太子，慈圣皇太后可能到死都不会再同他说一句话。

从上述因素分析，神宗答应沈一贯立朱常洛为太子，原因完全是局势所逼，而非沈一贯一个人的功劳。经过十五年的斗争，神宗终于发现，如果要立朱常洵为太子，那么他必须击败士大夫集团和说服他的老母亲。但是，神宗脆弱得很，他根本没有足够的毅力和足够强大的能力击败这些对手。

"这一连串事件揭示了万历皇帝无力满足晚明存在的君主政体的需要。可是，这些事件也揭示了强加于君主的无法忍受的状况，这种状况是由情势而不是由阴谋偶然形成的。尽管是专制君主，万历皇帝却没有立法的权力。尽管是最后的裁决者，他却不得不在合法的迷雾中行事。而当他要朝廷承认他的人性需要时，他发现他什么也不能得到。在处理继任问题中，万历皇帝处境孤立。1601年，在来自他的顾问们的难以承受的压力下，他才同意立他的长子朱常洛为太子。过了十三年之后，如王朝的则例所要求的，他打发他的第三子就藩。在其间的年代里，他变得完全和他的官员们疏远了。"（费正清《剑桥中国史·明史》）在争国本这件事上，不是万历输了，也不是士大夫们赢了；而是人性输了，制度赢了。

被册立为太子后，朱常洛第一个想见的人是他的生母王宫女。这十五年来，不近人情的神宗将朱常洛母子分离，王宫女完全被幽禁起来，她没有要求见任何人一面的权力。即使朱常洛想见生母一面，也要先获得神宗的同意。

宫门打开的一刹那，朱常洛发现，他母亲已经病入膏肓了。多年以来，他一直想好好地对待自己的母亲，可是他连见她一面的自由都没有。等到他有见母亲的自由后，他母亲却没福享受。儿子看着病入膏肓的母亲，母亲看着长大成人的孩子，四目相对，久久默然。

在王宫女生命的最后一刻，她的脸上泛起莲花般的笑容。她翕动了一下嘴角，望着长大了的孩子，深情无限地说："儿长大如此，我死何恨。"（张廷玉《明史》）

多年来，王宫女一直过着孤寂而凄凉的日子。她之所以甘愿忍受煎熬，只是因为想看到自己的孩子长大的这一天。

泰昌的大限到了

万历四十八年（1620年）七月二十一日夜，乾清宫中突然爆发出一阵恸哭声，划破了夏夜的宁静，"皇帝驾崩"的消息犹如一声惊雷，在宫中炸开，皇城瞬间被死亡的气息笼罩，各宫如同炸了窝般，皇宫顿时哭声一片，王子皇孙、妃嫔媵嫱们纷纷面朝乾清宫跪下，各宫道也都跪满了婢女和奴才。

万历皇帝就这么去了！

无论是帝王将相还是英雄豪杰，都摆脱不了被时间终结的命运。不管之前万历皇帝有何功过是非，神宗的时代就这么结束了。

消息很快传遍了京城，一夜间满城披上了白色，喧闹多时的京师陷入了令人窒息的寂静中。神宗驾崩，震惊了朝野，震惊了世人。人们为万历皇帝哀悼的同时，更多的是对新帝的期待。官员们更是把这个看作王朝从头开始的一个机会。许多人把希望寄托在太子朱常洛身上，希望他能迅速地彻底改变他父亲的一些不得人心的政策，进行必要的改革。

八月初一，太子朱常洛衣冠华贵，面带喜色，玉履安和，在万众瞩目中登上了皇位，接受来自全国人民的膜拜和崇敬，并宣布次年改元泰昌。泰昌帝一上台即展开新政，他在万历四十八年（1620年）七月二十二日和二十四日，各发银100万两犒劳辽东等处边防将士，同时，命令撤回万历末年引起官怨民愤的矿监和税监，召回在万历一朝因为上疏言事而遭处罚的大臣，增补阁臣，运转中枢，使得整个朝野都感动不已。

然而天有不测风云，登极大典后仅十天，也就是八月初十日，泰昌帝就突患重病。第二天的万寿节，也取消了庆典。万历四十八年（1620年）九月初一的黎明，噩耗再次从宫中传出，泰昌帝驾崩了！消息迅速传遍大街小巷，人们再次被震惊了。仅一个月的时间，新帝就驾崩了，京城几乎立即充满了关于暗杀、阴谋、篡位的谣言。

朱常洛患病的原因，正史中有记载。"光庙御体羸弱，虽正位东宫，未尝得志。登极后，日亲万机，精神劳瘁。郑贵妃欲邀欢心，复饰美女已进。一日退朝内宴，以女乐承应。是夜，一生二旦，俱御幸焉。病体由是大剧。"（文秉《先拨志始》）"上体素弱，虽正位东宫，供奉淡薄。登极后，日亲万机，精神劳瘁。郑贵妃复饰美女已进。一日退朝，升座内宴，以女乐承应。是夜，连幸数人，圣容顿减。"（李逊之《泰昌朝记事》）

就是说朱常洛本来身体就已经很羸弱了，这与其一直以来生活压抑有关。朱常洛不是一个一出生就享尽父母宠爱的皇子，他虽然贵为长子，却是他的父王偶然临幸宫女而生的，因此万历帝认为这是他人生的一个污点，从心底里不喜欢朱常洛，自小朱常洛的内心就是孤苦与不甘的。但是他作为长子，有传统封建的官僚士大夫们的拥护，在他们的支持下，他坐稳了太子的位子。朱常洛自从做了太子之后，由于父亲朱翊钧对自己十分冷淡，生活失意，精神苦闷，所以大部分的时间，他都是纵情酒色，因此身体慢慢变得虚弱了。

后来他终于苦尽甘来，登上了皇位，但又因为登极之初，许多政事骤然压来，他必然手忙脚乱、焦头烂额。但是为了证明自己的能力，为了不辜负众人的希望，也为了堵住反对者的口，稳定朝政，他每天都费心尽力地处理政务。繁忙的政务压得他喘不过气来，当时已年届三十九岁的朱常洛，身体也在这一天天中被累垮了。本来身体状况就已经存在很大隐患的朱常洛，又是个贪恋美色之人。郑贵妃"进侍姬八人，上疾始惫"（明·谈迁·《国榷》）。本就喜爱女色的朱常洛，面对郑贵妃进献的八名美丽女子，自然每夜沉醉在温柔乡中，最终因为纵欲过度而患病。

八月初十，朱常洛病重后，召医官诊视。十四日，掌管御药房的司礼监秉笔太监崔文升，向朱常洛进"通利药"，即大黄。大黄的药性是攻积导滞，泻火解毒，相当于泻药。这使得朱常洛在接下来的一昼夜，连泻三四十次，身体更加虚脱。他的病态更严重，已经处于衰竭状态了。

这件事情表面上看只是朱常洛被不幸地用错了药，实际上却没那么简单。崔文升这个人，其实是郑贵妃宫中的亲信太监，这次进药也是郑贵妃指使的。于是不难发现，朱常洛从最初病倒到病情加重，在这过程中都有一个人一直出现，就是郑贵妃。朱常洛的生母王氏外家、原皇太子妃郭氏外家两家外戚也都发现了这一点，认为其中必有阴谋，遍谒朝中大臣，哭诉宫禁凶危之状。

真相讲究证据，郑贵妃是否有谋害朱常洛的动机呢？据正史中记载，他们确实有很深的过节。郑贵妃曾经是先帝神宗最宠爱的妃子，她所生的皇三子朱常洵也最为神宗喜爱，因此郑贵妃就一心想让自己的儿子被立为太子。于是她一方面给神宗压力，另一方面采取多种阴谋手段来迫害朱常洛。不过最终，她还是没有胜利，因为她不仅是和朱常洛以及那些官僚士大夫斗，更是与传统封建宗法制度（嫡长子继承制）斗，明显根本没有胜算，不过她与朱常洛的梁子是越结越深，后来她设计害朱常洛也在情理之中了。

朱常洛病重，朝野舆论哗然，群情激愤，都在寻找幕后的策划人，不管这件事是不是真的是郑贵妃所为，她嫌疑最大，必然难脱干系。朱常洛病入膏肓成为事实，虽然他的病体是多种原因造成的，但贪恋女色、纵欲过度确实是他患病的直接导火线。

权力、财富、美女同时有了，如此让常人羡慕的事情，朱常洛却无福消受，这实在是个悲剧，同时也很有戏剧性。然而可怜的朱常洛，他的不幸还没结束。

智斗郑贵妃

万历四十八年（1620年）八月末，皇宫被阴霾的气息笼罩着，每个急匆匆行走的宫人的脸上都带着惶恐，人人自危，仿佛宫中有着风雨欲来之势。

在这将近一个月的时间里，宫里发生了很多变故，皇帝朱常洛先因为贪恋美色纵欲过度，接着又被崔文升的泻药弄得奄奄一息命不久矣，现在宫中谣言四起，所有人都把矛头指向了郑贵妃。此时郑贵妃还霸占着乾清宫，借着与泰昌帝爱妃李选侍一同"照管"朱常洛的长子朱由校之名，不肯离去，她的阴谋似乎已显而易见，大臣们无不忧心忡忡，担心皇帝一旦驾崩，郑贵妃会和李选侍控制皇长子，实现垂帘听政的阴谋。而且乾清宫是皇帝的寝宫，可以监视皇帝的一举一动，因此朱常洛就处在了一个相当危险的境地。

俗话说"时势造英雄"，在这种危难的时刻，一定会有清流来对抗浑水，他就是兵科给事中——杨涟。

杨涟对朱常洛可谓忠心耿耿。当年万历皇帝已多年不见朝臣，郑贵妃倚仗着万历皇帝的宠爱，垄断后宫，离间万历皇帝与太子朱常洛的骨肉之情，居心叵测。杨涟识破了郑贵妃的阴谋，深深为太子的前途和命运担忧，在他看来，太子是一国之本，"国本"动辄天下乱。因此他把稳定太子的地位与爱国忠君联系在一起，坚决支持太子朱常洛。后来万历皇帝病危时，他力主太子进宫服侍皇帝，避免了郑贵妃从中作乱。最终朱常洛能顺利登上皇帝之位，杨涟立下了汗马功劳。

现在朱常洛登基仅一个月就一病不起，宫中又到处流传着"崔文升进药是受郑贵妃指使，有加害皇上的异谋"的说法，杨涟听到这些传言，觉得情况危急，已经不能再等了，因此他决定清除郑贵妃对皇上的威胁。他首先要做的就是把郑贵妃赶出乾清宫，避免她留在朱常洛身边谋害他。

然而逼郑贵妃搬家谈何容易。郑贵妃在宫里几十年了，根基极深，她还一手拉着李选侍，一手抓着皇长子，势力非常强大。杨涟的同盟者虽然数量多，但是因为很多都是刚被朱常洛提拔起来的，势力还很弱小。与郑贵妃斗，犹如以卵击石，现实太残酷！但是杨涟没有灰心，他知道硬碰硬毫无胜算，只能用智取，那就是想办法让郑贵妃自己主动离开乾清宫。打蛇打三寸，要想打败一个人，就要去抓他的弱点，杨涟决定利用郑贵妃的弱点来击败她。

郑贵妃的弱点，就是她的哥哥郑国泰的儿子郑养性。郑国泰死后，郑养性就成了郑贵妃在朝廷中的联系人。平日因为与郑贵妃的亲戚关系，郑养性行事十分嚣张。但是杨涟通过对他的仔细观察，发现他是一个外强中干、性格软弱的人，平时倚仗郑贵妃，毫无主心骨。杨涟决定从他入手，利用他来实现打击郑贵妃的目的。

这一天，万历四十八年（1620年）八月十六日，杨涟和吏部尚书周嘉谟等同盟者，浩浩荡荡地往郑养性的住处去了，架势骇人。进门以后也不客套，直奔主题。先是给了郑养性一个下马威，严厉地批评了郑贵妃的所作所为，说她把持后宫多年，之前争国本十几年，把宫里弄得乌烟瘴气的，全都是因为她，现在她竟然还要求封皇太后，赖在乾清宫不走，还给皇上奉送美女，一定心怀鬼胎，有阴谋有企图。一开始就把郑贵妃搬出来训，意思很明显，就是郑贵妃我们都不怕，你也就没什么好倚仗的了，我们都不吃那套，你就老老实实听着认错吧。

郑养性被这架势吓蒙了，偶尔回几句嘴，没有丝毫的底气可言，虽然他平时骄纵跋扈，但面对这帮气势汹汹、天不怕地不怕的人，郑养性有点儿扛不住。接着，杨涟等人又开始来软的，表示理解郑贵妃，也就是想图个富贵，并向郑养性保证说只要听他们的，这件事就包在他们身上。看郑养性有点儿动摇，他们又发出最后一击，威胁说如果郑贵妃还是只想着太后之位，就不要怪他们不客气了，你郑养性即使说自己没做什么，也没人帮你，要是真没这想法，就早点避嫌，否则到时候也会被当作同谋、共犯一同治罪，别说是富贵了，就是身家性命都难保！

郑养性彻底崩溃了。或许他以前根本就没想这么深，被杨涟等大臣们一吓，他那软弱的性格就暴露出来了，乱了阵脚，只想着赶紧脱身。杨涟等人一看目的已经达成，心满意足地离开了，接下来就等着看郑贵妃的反应了。

郑养性越想这事情越严重，越想越害怕，于是急匆匆地来找他的姑母郑贵妃商量对策。郑贵妃听完后，也慌了，朝中大臣们那暴风雨欲来之势确实吓坏了她，以前有万历皇帝，有她的儿子为她撑腰，可现在，先帝已逝去，儿子又远在京城之外，现在满朝文武都指向她，朱常洛心里肯定也不待见她。

她第一次感到了绝望，就像浮萍没有依靠。她也老了，心有余而力不足，已没有办法再和皇帝和大臣们斗智斗勇，能够保住身家性命在她看来才是最重要的事情。郑贵妃权衡再三，终于决定搬出乾清宫，也再不提当皇太后的事儿了。

郑贵妃费尽心机地折腾了三十多年，最终也没得到她想要的。其实就当时的局势而言，郑贵妃还是有实力进行一番对抗的，因为她还有同党，有帮手，如果赖着不走，谁也拿她没办法。可是最终她还是退缩了。曾经叱咤风云的郑贵妃，正式退出了历史舞台。

一颗丸子要了命

万历四十八年（1620年）八月二十九日，晨光熹微，乾清宫。

朱常洛倚坐在龙椅上，面容枯槁，有气无力。内阁首辅方从哲、给事中杨涟、英国公张惟贤等十三名大臣陈列其下，每个人都静默着，心中惴惴不安，因为皇上不仅叫来了他们，还命皇长子出见，看皇上的架势，好像要临危托孤一般。

朱常洛的眼光缓慢地扫过了所有人，最后定格在皇长子身上，开口道："朕难了，国家事卿等为朕尽心分忧，与朕辅助皇长子要紧，辅助他为尧舜之君，卿等都用心。"（《明实录·光宗贞皇帝实录》卷八）朱常洛的眼中充满了对皇长子的希冀以及对众大臣深深的信任，众人不禁点头应允，承担下这沉重的责任，朱常洛的脸上露出欣慰的表情。突然朱常洛话锋一转，向大臣们问起"寿宫"的事情。辅臣们惊异了一下，以为朱常洛忽然想起了先帝的安葬事宜，于是告知他：皇考的陵寝工程正在修建中。朱常洛马上纠正说是他自己的寿宫，众人不胜惶恐，纷纷劝说道："圣寿无疆，何遽及此?"(《明实录·光宗贞皇帝实录》卷八)朱常洛仍再三强调此事要紧,众人听了伤心不已,纷纷哽咽起来,不敢仰视。

安排好这一切,朱常洛似突然想起某件事,问道:"有鸿胪寺官进药,何在?"(《明实录·光宗贞皇帝实录》卷八)众人听了不禁面面相觑,不知皇帝这话从何说起。这时内阁首辅方从哲站了出来,回答说:"鸿胪寺寺丞李可灼自云仙丹,臣等未敢轻信。"(《明实录·光宗贞皇帝实录》卷八)原来这个叫作李可灼的鸿胪寺官员八月二十三日就来到内阁,说有仙丹要进献给皇上。但是有了崔文升的先例,方从哲实在不敢轻易允许给皇帝进药,为了谨慎起见,他便命李可灼离去。李可灼没有罢休,二十九日一早,又来送药。

太监不敢自作主张,把这事向内阁报告了,方从哲还是没有答应。但不知怎么,朱常洛竟得知了此事,于是才问起来。他知道方从哲是小心行事,所以没有怪罪。朱常洛自知命不久矣,于是就抱着死马当活马医的态度,命李可灼入宫献药。

李可灼奉命急忙赶来,朱常洛屏退了众人,让李可灼为他诊视。经过一番诊断,李可灼很自信地说找到了病源,并且知道治法。朱常洛听了不禁大喜,急不可耐地命李可灼速速进药。

到了这个时候,方从哲还是不放心,令李可灼与御医各官商榷以后再决定。这时,在场的一个阁臣刘一璟说:"吾乡两人同用此,凡一损一益,非万全药礼。"(《明实录·光宗贞皇帝实录》卷八)众人听了犹豫不决,谁都不敢担这个责任,都不敢明说该不该用这个药。

到了中午,李可灼调制好了红色的药丸,送到了皇帝的御榻前，诸臣也都一起进来了。朱常洛拿着李可灼的红色药丸，犹如抓住了一棵救命稻草，眼中重新焕发光彩。虽然他已经交代了后事，毕竟心有不甘，还是希望能出现奇迹。他迫不及待地吃了下去，先饮汤，气直喘。待药入，即不喘了，于是不断地高兴地对李可灼说："忠臣，忠臣。"看得出来，朱常洛对李可灼的红丸寄予了厚望。

朱常洛吃了红丸后，最初感觉良好，还让内侍给等候在宫门外不安的大臣们传话说："圣体用药后，暖润舒畅，思进饮膳。"（《明实录·光宗贞皇帝实录》卷八）众大臣听了都感到很欣慰，不觉放下心来。然而到了日晡之时，李可灼出宫找到方从哲说："上恐药力歇，欲再进一丸。"（《明实录·光宗贞皇帝实录》卷八）在旁的御医都认为不宜再服，然而皇上催促得紧，众御医没有办法，只好遵命让朱常洛又服了一丸。见到李可灼，大臣们都关切地询问皇帝状况如何，李可灼仍然自信地说皇上安适如前，没什么问题。

然而次日，即九月初一的凌晨，情况急转直下。朱常洛服用了两个红色丸药后，五更时分病情突然恶化，大臣们听说紧急召见，连忙赶往宫中，还没见到皇帝最后一面，他就与世长辞了！

此消息一出，朝野哗然，人们开始质疑起这个"红丸"来。"红丸"是何物？原来红丸又称红铅丸，是宫廷特制的一种春药，是用妇人经水、秋石、人乳、辰砂调制而成的，性热，因其红色，故称"红丸"。红铅是阴中之阳、纯火之精，正好与当初崔文升所进的大黄药性相反，朱常洛纵欲过度的身体，在最后的岁月连遭性能相反并且药性猛烈的两味药物的折腾，岂能不暴毙而亡！

假如没有郑贵妃送来的八名美人，假如没有崔文升进奉的大黄，假如病急乱求医的朱常洛没有食用不具备御医资格的李可灼进奉的红丸，朱常洛身体虽然虚弱，还不至于这么快就一命呜呼了。因此众臣都认为崔文升、李可灼罪责难逃，郑贵妃别有用心，而方从哲因为予以回护，难免有同党合谋之嫌疑。一时之间，流言四起，此事闹得沸沸扬扬，弄得方从哲百口莫辩，气愤异常。还好后来内阁次辅韩爌给朱常洛的继承人朱由校上了一个奏疏，里面详细地说明了红丸进呈的全部经过，又有其他当时在场的大臣为方从哲做证，方从哲才洗清了嫌疑，摆脱了困境。但是郑贵妃在这一系列事件中所扮演的角色，仍然在人们的怀疑中。

从万历四十八年（1620年）八月初一正式即位，到九月初一驾崩，朱常洛为帝仅一月。"上久在东宫，周知民间疾苦，及奉遗诏，德音迅发。既登柞，锐意图政，惟日不足，中外忻忻更始，而又笃爱臣工，不时召见，如家人父子。疾自凤婴，兼误医药，至今称为一月天子、万年圣人云。"（《明实录·光宗贞皇帝实录》卷一）意思是说朱常洛虽然久居在东宫，但仍深知民间疾苦，奉先帝遗诏之时，很快发布了仁德的政策。登基后，励精图治，国泰民安，并且还爱戴臣子，经常召见，处得像一家人一样。后来因为疾病缠身，又误食医药，不幸驾崩。但至今仍应称其为一个月的天子，万年的圣人。由此可见对朱常洛的评价之高。《明实录》是当朝人所写，不免对其有美化夸大的嫌疑，不过朱常洛为了成为一个明君，他的努力还是有目共睹的。虽然当皇帝时间不长，但能得到如此高的评价，可以说他是幸运的。朱常洛去世后，党派之争的混沌局面更加恶劣，这又是其不幸。

朱常洛三十九年的生命历程中，前二十年是备受冷落的皇子，在委屈、不甘以及每日的担惊受怕中度过，后十九年是战战兢兢的皇太子，始终行走在儒家士大夫的正义感与万历皇帝的私情之间的钢丝绳上，终于登上梦寐已久的皇帝位后，又仅一个月便一命呜呼了，还留下疑云重重"红丸案"，朱常洛的一生是坎坷的，其情可悯。

俗话说："可悲之人必有可恨之处。"如果朱常洛不是那么软弱，如果他敢为自己的命运而斗争，如果他面对一直有心谋害他的人没有妇人之仁，如果他没有贪恋美色……或许他的命运就会改变。然而历史没有假设，他的一生，陷在这宫廷阴谋旋涡之中了，注定只能是场悲剧。

第五章
魏忠贤：极品太监的典型代表

被命运挑选的人，注定不会漏网

司礼监掌东厂太监孙暹的府中，有一个勤勤恳恳、任劳任怨的下人。当初让他进府，有一半原因是看在这个人忠厚的面相，还有对他自宫的同情上。毕竟，硕大府第的主人，也是一个宦官。而这个下人，一直以来都很听话，唯一的愿望就是能够进宫当差。于是，出于怜悯之心，孙暹把这个人叫到跟前，对他说，要让他进宫。这个下人连声答应，欣喜之情溢于言表。孙暹不知道，自己这个看似慈善的举动，会为自己，为大明，带来怎样的灾难。

这个终于能够进宫的人，叫魏忠贤。

不要以为进了宫就能够当上有权有势的大太监，太监这一行讲究的也是拼资历，熬年头，虽然魏忠贤进宫时年龄已经很大了，但在那些前辈面前，依然是个新手，可以呼来喝去。

而对这一切，魏忠贤并没有表现出任何的不甘愿。他最初进宫时，是在一个叫作甲字库的地方，做些低级太监都不愿意做的工作，每天无非就是做打扫宫院、挑水看门之类的苦活，和他以前在老东家做的活儿差不了多少，甚至更累。但是魏忠贤丝毫没有抱怨，就连很多年龄比他小的太监指使他做这做那，他也一概欣然接受，半点儿犹豫都没有。时间久了，大家都觉得魏忠贤是个什么都不懂的傻子，可以任人欺负。所以，欺负他的人越来越多，但他的口碑也越来越好。

天下没有免费的午餐，天下也没有不计回报的付出。魏忠贤之所以无条件地付出自己的劳动，只是因为一个原因，那就是，在这个深深的宫院中站稳脚跟，然后，找寻一切机会努力地向上爬，得到他想要的一切。忍受身体残缺的巨大痛苦和耻辱，并不是为了进宫来让人使唤的。魏忠贤明白，像自己这样一无后台，二无特长，而且年龄还特大的人，在后宫这种地方，如果一个不小心，就会无声无息地消失，不留一丝痕迹，因此，在达到目的之前，他不能允许自己出任何意外，所以，忍人所不能忍，是他唯一的出路。

不过，魏忠贤在忍受的同时，也没少为自己谋划。他利用一切机会，接近当时一个管事的大太监，名叫魏朝。这个人看魏忠贤老实可靠，就给他换了个工作——典膳。典膳，说白了，就是管理后宫的饮食。这个可厉害了，虽然只是个管吃饭的，但也要看清楚是管谁的饭，魏忠贤管的，是王才人的饭，而这个王才人，就是后来的熹宗皇帝朱由校的生母。

看上去挺厉害，实际上，在当时，朱由校的父亲朱常洛还不是太子，并且地位极其不稳定，而王才人身边的太监数不胜数，一个管饭的根本就不能引起她的注意，所以，魏忠贤就算来到太子身边也没有什么用，他只能继续勤勤恳恳地工作。但是，不管怎么说，这确实是他和未来的皇帝发生的第一次交集。

当然了,能够离开甲子库,去给后宫的嫔妃做下人,怎么说也是一件好事,魏忠贤没有忘了给他带来这些的人——魏朝。于是,他更加尽力地讨好这个上级,在他面前几乎是俯首帖耳,时不时地还送些礼物上门。看上去,魏忠贤似乎是一个知恩图报的人。

不过从魏忠贤得势之后的做法看,这个人心里根本就没有起码的道德标准,怎么能要求他滴水之恩涌泉相报呢?他对魏朝百般奉承的原因只有一个,那就是,魏朝还有利用的价值,而这个价值,就来自魏朝身后的人,王安。

王安是一个非常厉害的人,在后来发生的移宫案中,他起到了不可替代的作用,直接促成了朱由校的登基。而这个人,就是魏朝的领导,魏忠贤看中的下一个利用品。

于是,在对魏朝卑微得几乎快到尘土里之后,魏忠贤的名字,终于如他所愿传到了王安的耳朵里。从此以后,大太监王安知道了有这么一个人,他勤劳、能干,并且踏实、厚道,算得上可用之才。

王安很满意,魏忠贤也很满意。

本来魏忠贤很想在典膳这个职位上做出点成绩来,好给自己以后的道路打打基础。可没想到,努力了没几天,他就可以休息了,因为他所服侍的主子王才人,去世了。

从此,朱由校失去了母亲,魏忠贤失去了工作。

但这并不影响两个人继存的关系,因为有一个人的出现,把他们二人重新连在了一起。这个人,就是李选侍。

神宗死后，光宗朱常洛即位，念在朱由校小小年纪就失去了母亲，于是，朱常洛就把这个儿子交给了当时最得宠的妃子李选侍来养育。没想到，这一下，却把自己的儿子推进了火坑。

这个李选侍实在不是省油的灯，在那个钩心斗角的后宫里，嫔妃之间的争斗可以说是杀人不见血。劲敌王才人已死，居然还要照顾敌人的儿子，对此李选侍却能够忍下来，可见这个女人不简单。

当然了，她对朱由校恐怕也不会好到哪儿去。但对于失去母亲的朱由校来说，有人照顾总是一件好事。而照顾他的人，并不止李选侍一个。

王才人去世后，魏忠贤从原来的典膳之职上退下来，但他似乎并没有就此被历史所抛弃，因为没多久，一场变故居然为他创造了机会。

光宗在位仅仅一个月，就驾龙升天了。李选侍所照顾的太子朱由校成了名正言顺的皇位继承人。而这个时候，李选侍一反常态地牢牢把持着朱由校，不许任何人靠近他，这是她的筹码，绝不能失去。

此时，因为太子的事情，杨涟上疏参奏，奏折中涉及魏忠贤，这下可麻烦了，毕竟魏忠贤当时无权无势，言官的奏折就是杀人的刀，万一就这么死了，岂不是前功尽弃？

这个时候，魏忠贤平日里打下的基础起到了作用。他立刻找到魏朝，也不顾什么脸面了，在人家面前失声痛哭，求魏朝在王安面前说说好话，救救自己。王安在先帝和太子面前都很有地位，求他帮忙，一定能够幸免于难。

魏忠贤的算盘没有打错，很快，王安就帮他打点好了一切，"力营救之，遂与李选侍宫中李进忠为一人，外廷不知也"（《明史纪事本末》），王安将魏忠贤改名换姓，派到了李选侍的身边，去伺候未来的天子和他的养母。如果能够讨得这两个人的欢心，一点小罪也是可以忽略的。

王安的安排很好，对魏忠贤来说也很好，但就是这个安排，却成了王安未来的噩梦。

来到李选侍身边，魏忠贤终于展示了他独到的眼光。他看出李选侍这个女人，不过是一个没有头脑，只知道一味争宠的妃子，先帝在时，她恃宠而骄，先帝驾崩，她居然想出挟持太子，来达到自己泼天富贵的目的。这是个笨女人，魏忠贤心想。

但好在她是个笨女人，不然自己恐怕就永无出头之日了。

魏忠贤对魏朝很是感激，如果没有魏朝，那么魏忠贤可能就会被赶出宫去，重新过上那种颠沛流离，朝不保夕的生活。所以，他要回报魏朝，而他回报的方式，就是去安慰因受到魏朝冷落而寂寞的对食，客氏。

客氏是魏忠贤生命中最重要的女人，因为这个女人，不仅填补了他感情上的空缺，更重要的是，她是太子朱由校的乳母，一个不能离开的乳母。

就这样，魏忠贤接触到了当时最有权力的几个人：一个是朱由校，太子朱由校虽然表面上是这个国家的主人，但在当时，他还真是一个不知所措的孩子。另一个是李选侍，这是个亲手毁掉自己的女人，但同时，她却成就了魏忠贤。最后一个就是客氏，这个人，将在魏忠贤未来漫长的人生道路上，发挥不可替代的作用。

　　在成为明朝最令人不齿的阉党领袖之前，魏忠贤的晋升道路可谓一波三折，有好几次，他都差点从权力的舞台上被赶下去。如果不是杨暹，他可能只是一个想入宫而不得的残疾人；如果不是魏朝，他可能一辈子就要待在那个仓库，做一个最低级的奴才；如果不是王安，或许杨涟的一道奏折就已把他踢出宫去，他根本不可能接触到权力中心。就是这一系列的意外，一系列的机缘，让魏忠贤在宫中站稳了脚跟。而当他在这片土地上扎下根后，他就要开始实施他一直以来的计划。进宫当太监，那是走投无路，而荣华富贵，做人上人，才是这个人的最终目的。

奉圣夫人的架子

对于一个皇帝来说,他一生中会经历很多女人,而这些女人,可能会为他诞下子嗣,也有可能会和他上演浪漫的爱情。对于熹宗皇帝朱由校来说,在他生命中最重要的女人,是一个半老徐娘,他的乳母,客氏。

这个客氏,名叫客印月,原本是定兴的村民侯二的妻子,朱由校出生后,作为备选奶妈才得以进宫的。当她进宫后,很幸运地,成了朱由校的专属乳母,也是唯一的一个乳母。从此,她开始了在宫中兴风作浪的人生。

刚开始的时候,客氏确实尽到了一个乳母应尽的责任和义务。在她看来,朱由校就是一个没有人疼没有人爱的小孩,和宫外那些孤儿没什么两样。所以,一直陪伴在朱由校身边的客氏,就成了朱由校的依靠。

这个乳母不仅用乳汁喂养自己,还陪着自己到处跑,到处玩,不会因为一点儿过错就责罚自己,天天呵护着自己,疼爱着自己,在朱由校看来，这个女人是世界上对自己最好的人了。

但年幼的朱由校并不知道，这个女人对他的感情究竟有多少是出自真心。毕竟，朱由校是皇长孙，不出意外的话，就是未来大明朝的继承人，伺候好他，就意味着以后有可能会飞黄腾达，有一辈子享之不尽的荣华富贵。就算他朱由校不是皇长孙，只是一个普通的皇子，客氏也不敢怠慢，再不受待见的皇子也是金枝玉叶，万一出点儿什么事，哪是她一个小民担待得起的。所以，无论怎样，客氏都会对朱由校百依百顺，而这些在朱由校看来，就是这个女人对他付出真情的证据。

随着朱由校一天天长大，客氏也逐渐感觉到身处皇宫大院不可避免的空虚和寂寞，毕竟，她进宫时不过十八岁，就算过了几年也还算年轻，怎么忍得住人生的寂寥。可是，森严的守卫又不允许她做出什么出格的事来。好在，宫里的一个规矩救了她，那就是对食。

对食，其实就是太监宫女们为了排解生活的无聊，给自己找点儿安慰的做法。太监是肯定不可能娶老婆的，而宫女又不是个个都有机会被皇帝临幸，所以，相互看对眼的太监宫女，就彼此谈起了恋爱，约定相依相伴。这样的伴侣一般生活上仅停留在一起吃饭，不能同床，所以就叫作对食。

明初的时候，朱元璋对这个行为很是厌恶，明令禁止宫中对食。但是随着宦官的地位逐渐升高，这个禁令失去了效用，对食渐渐变得合理合法起来。

据说，客氏长得十分美貌，再加上她又是皇长孙的乳母，自然会招来很多太监的追捧。最终，客氏选择了魏朝作为她的对食对象。魏朝在当时是一个挺有权势的太监，而客氏也不是一般的宫女,这一对看上去,实在是羡煞旁人。

魏朝应该也是这么认为的,毕竟,选择对食的对象,不仅要看相貌,要看缘分,更重要的,特别是对于他这种人来说,还要看这个对象是否受宠。很幸运,客氏很受宠,朱由校几乎一刻都离不开这个乳母。一旦以后朱由校即位,那魏朝想要平步青云,岂不是很容易?

事实证明,魏朝的选择是正确的,因为客氏这个乳母,和其他的乳母简直太不一样了。

按理说,乳母不是保姆,她的最大职责就是喂养皇子皇孙。一旦皇子长大,不再需要哺乳,那么乳母就完成了她的使命,可以出宫回家了。奇怪的是,朱由校却始终不放客氏走。

其实,分析一下就能明白朱由校为什么不让客氏离开。这个可怜的皇子,他的父亲不受爷爷的待见,以至于父亲整日担心自己的储君之位不保,根本无暇顾及他的成长。而母亲在世时受到其他嫔妃的攻击,终日惶惶,最后去世,这一下,使得本就孤单的朱由校更加形单影只。从小失去母爱,得不到父爱,朱由校稚嫩的心灵,其实早已伤痕累累。而此时,唯一一直陪在他身边的,就是客氏。

这个女人就像母亲一样对待自己,她不会要求朱由校每天读多少书,也不会用宫里的规矩来束缚他。而当他睡不着时,是她哄着朱由校入眠。这样一个慈母般的人,早就成了朱由校唯一的依靠,唯一的寄托。他们的关系,早已不再是一个嗷嗷待哺的婴儿和乳母的关系,而是一个成长中的孩子和一个他最信任、最依赖的母亲的关系,所以,他怎么可能让她出宫,而让自己再度陷入那无穷无尽的寂寞深渊之中呢?

于是,客氏成了陪伴在朱由校身边最重要的人。看上去,她对朱由校并没有什么特殊的付出和贡献,但事实上,她的存在,就是朱由校最大的欣喜。

因此,朱由校给了客氏无上的荣耀和特权,他登基成为皇帝后,居然首先封了客氏为奉圣夫人,还给了她良田二十顷,"以为护坟香火之用"(《明史纪事本末》)。一个乳母,居然被封为夫人,可见朱由校对客氏的重视。

这还不算,每到客氏的生日,朱由校亲自前去祝贺,留在那里喝酒饮宴,还赏赐很多东西。"升座欢饮,赏赉无限,中宫皇贵妃迥不及也。"(《明史纪事本末》)这样的待遇,即使是对国家有功的大臣们也未必能够得到,而客氏一个小小的乳母,不但得到,还经常得到。

客氏充分运用了皇帝对她的宠爱,把骄奢淫逸发挥到了极致。客氏的衣服定制,恐怕早已违反了宫中相关的规定,她的穿着,在旁人看来犹如神仙,如此,将皇帝和他的妃子置于何地?这还不算,她在皇宫里可以乘坐轿子,这样的待遇,大臣们根本连想都不敢想,而客氏,居然乘坐小轿到了皇帝上朝的地方也可以不下轿,随行的人员人数众多,灯笼和火把不计其数,其规模阵仗甚至比皇帝还要庞大。以这样的规模,换了别的皇帝,早就把这个人杀了。但现在的皇帝是朱由校,他不仅不制止,反而禁止其他人就客氏提出意见。客氏想怎么样就怎么样,真正是无法无天。

不光在宫中如此,客氏到了自己的家里变本加厉。所有的用人,从管事的到近侍,从做饭的到打水的,都要跪下来磕头,一边磕还要一边高呼"老祖太太千岁"。叫完之后,所有人都能得到打赏,赏赐的金额不计其数。

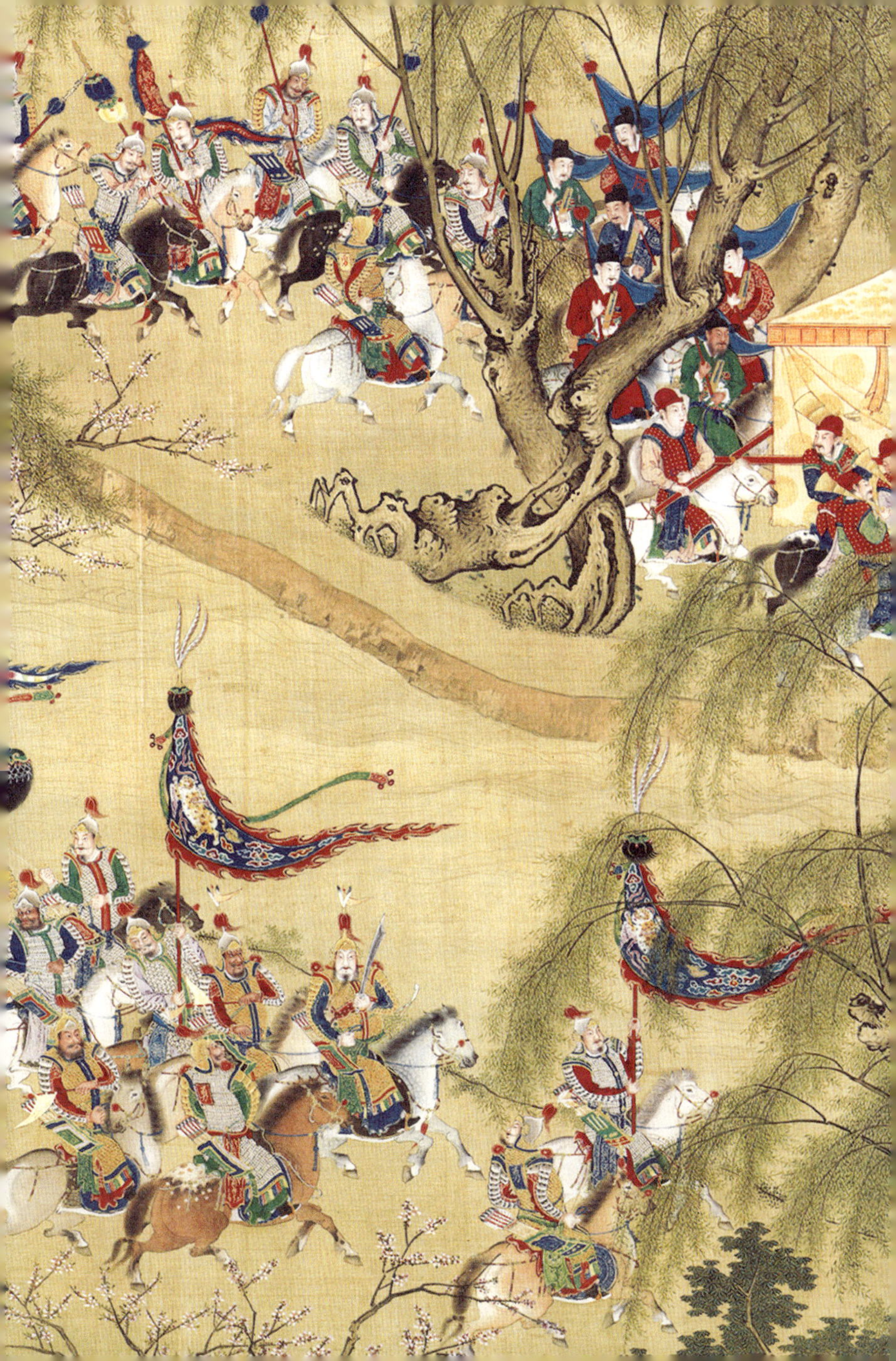

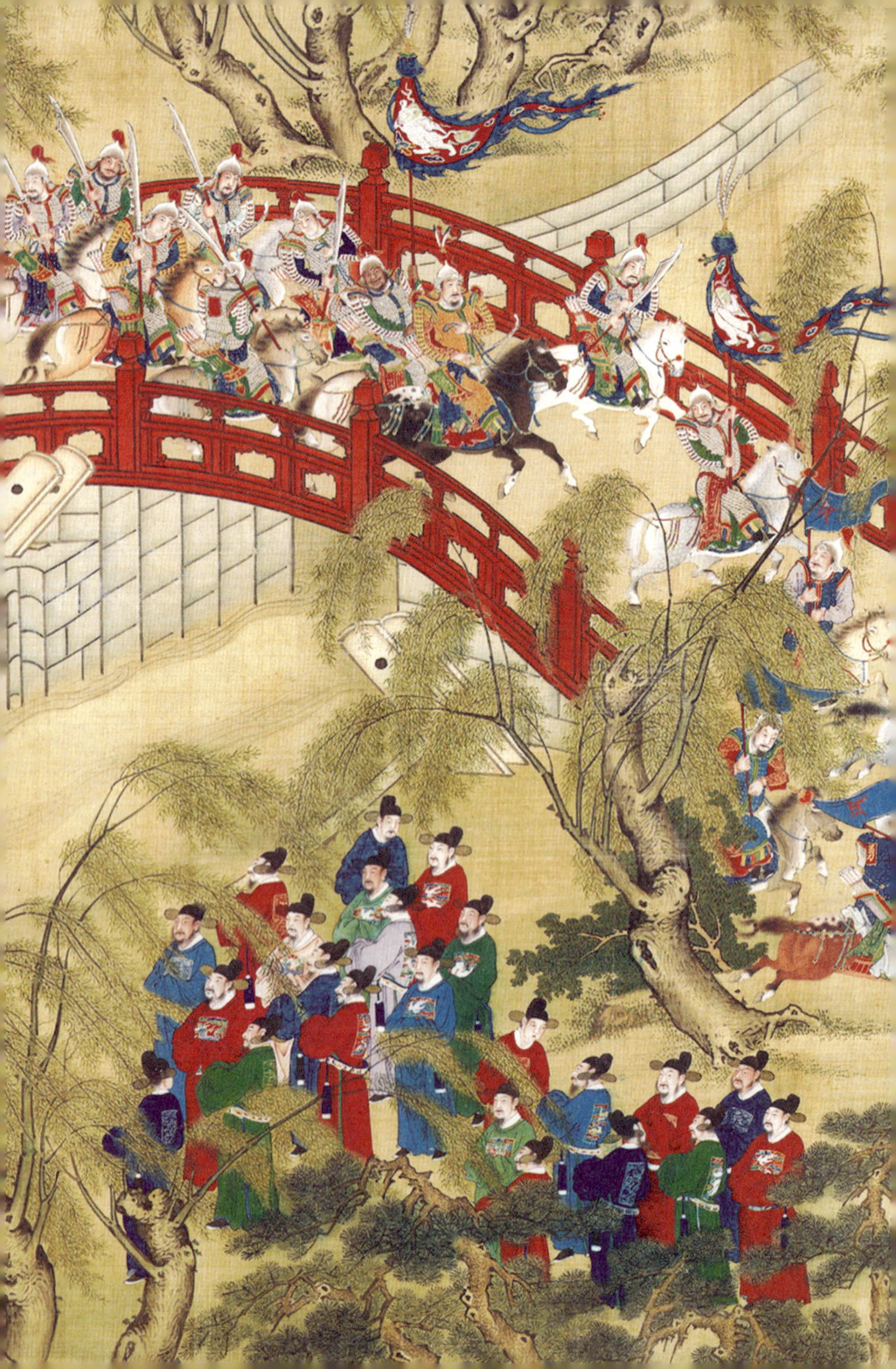

对于一个乳母，一个下人，能够在出宫之后得到一笔钱财，过比较宽裕的生活，就已经是很好的结局了。而客氏，居然能够打破这一惯例，成功地留在宫中几十年之久，实在是一个匪夷所思的奇迹。

皇帝虽然对乳母很是依赖，但奇怪的是他似乎很少对别人产生深厚的感情，皇帝应该能够见到很多人，是什么让他失去了和别人建立良好关系的机会？

作为皇帝身边最亲近的人，客氏完全可以在潜移默化中决定朱由校的行为。如果这个人对自己不利，那么客氏就会利用自己的身份，对皇帝吹吹耳边风，让皇帝不知不觉地对这个人产生厌恶，从而达到客氏铲除异己的目的。

客氏应该是一个很会钻营、很能掌控思想的人，在和朱由校朝夕相对的日子里，她完全建立起了自己在朱由校心中不可撼动的地位。所以，她说的话、做的事，都会对朱由校产生影响。在朱由校看来，乳母要做什么，就肯定是对的，就应该让她去做。

这一切，也就成了客氏能够仗势横行的基础。其实这样看来，朱由校还是个很孝顺的人，毕竟，他很小就没有了母亲，他的父亲一直以来也没有正式立过皇后，所以朱由校始终没有母亲教养，无论是亲生的还是名义上的。而客氏的存在填补了这一空缺，也给了朱由校行孝道的机会。所以，无论朱由校怎样宠爱客氏，怎样纵容客氏，只要想到他儿时的经历，一切就都变得顺理成章了。

不过，客氏并没有满足，因为她现在对一个人产生了深深的不满，而这个人，就是她的对食对象——魏朝。

背叛朋友的人

有一句话说得好，叫作朋友妻，不可欺。无论这个朋友是不是过命的、知心的，只要在你之前，那个女人已经有了归宿，并且这个归宿很不幸和你认识，那么，就算你再爱，也要守礼避让，这是规矩，也是做人基本的道理。不过，这些道理在有的人看来根本不值一提，倒不是因为他们有多爱，而是这中间存在着复杂的关系。

很不幸，魏朝还没有感觉到，已经有一双眼睛盯上他和他身边的女人了。

这个时候的魏朝，可以说是春风得意。虽然他是个太监，但却很有权势，他在王安手下干活，虽然还没到呼风唤雨的地步，却也说一不二；他身边有宫里最尊贵的宫女客氏陪伴；最近魏朝的身边多了一个好朋友——魏忠贤。这个朋友为人十分本分，吃苦耐劳，毫无怨言，虽然在事业上帮不了魏朝什么，但人不能总想着利啊，还是需要几个交心的好友，才不至于太过乏味。魏朝是这么想的，他很知足。

可惜，这个他看重的朋友却不是这么想的。

在魏忠贤眼里，魏朝只不过是他人生道路上的一个梯子、一个工具，他百般讨好他，和他交朋友，完全是为了利益。没有永恒的朋友，没有永恒的敌人，只有永恒的利益。这句话用来评价魏忠贤很是到位。

在魏忠贤的心中，恐怕从来没有把魏朝看作朋友，如果能够帮上他的不是魏朝，而是刘朝、张朝、赵朝，他也一样会和这些人搞好关系。所以，能和魏忠贤做朋友的，不是魏朝，而是魏朝的官位。

而现在魏忠贤发现，虽然这个魏朝能在平时帮助自己，并且能够给自己找找工作，但是这些都是小恩小惠，对于成大事没有什么帮助，毕竟，魏朝也不是能和朱由校经常接触的人，就算能，也不一定能和皇帝说上话。而魏忠贤明白，想要得到泼天的富贵，就必须得到未来皇帝的垂青和保护，而这些，不是魏朝能给魏忠贤的，所以魏忠贤需要另想办法。

很快，魏忠贤就找到了一个最合适的人选——客氏。

在魏忠贤看来，只有这个女人能够给他想要的一切，能够让他得到成大事的机会，也只有这个人能帮助他平步青云。如果这个人是个男的，可能还要费一番心思，先讨好笼络，再取而代之。好在这是一个女人，把她彻底拉到自己这一边的方法只有一个，也是最简单的一个，那就是让她成为自己的对食对象。

魏忠贤是这样计划的，也是这样做的。在这之前，他丝毫没有顾及他的朋友魏朝，哪怕在心里小小地内疚一下也是好的，可是魏忠贤不是别人，如果他能有正常人的思维逻辑和感情倾向，也就不会搅和得大明朝不得安宁。

客氏和魏朝看上去是一对天作之合，但这两个人中，早就有一个对这段关系心生不满了，这个人不是魏朝，而是客氏。"然朝以侍安，又承事太孙，多不暇。"(《明史纪事本末》)意思就是，魏朝不仅要时时听从王安的召唤，还要去执行朱由校吩咐下来的任务，工作非常繁忙，以至于根本没有什么时间陪伴客氏。这就让客氏心生不满。

在宫里找人对食的目的就在于两个人能够经常在一起相互陪伴，相互安慰，让这宫廷生活不至于那么无聊难熬。可魏朝偏偏冷落了客氏，没能给她想要的温暖和慰藉，这就让客氏十分烦闷，而这恰好给了魏忠贤介入两人的可乘之机。

魏忠贤早就看出客氏对魏朝不满了，因此，他觉得这是一个好机会，应该采取行动了。可是当时的魏忠贤，无论在职位还是年龄上都拼不过魏朝，他有什么优势能够让客氏青眼相加呢？

魏忠贤别的优势没有，但有一点，是魏朝比不了的，那就是，魏忠贤有大把的时间可以在客氏身边打转，一天两天混个脸熟，时间一长，就不怕生不出感情来。

客氏因为魏朝的无暇顾及，空虚寂寞了好久，确实需要一个人在身边安慰，而魏忠贤就在这个时候出现了，对她百般顺从，千般呵护。这让客氏觉得，这个魏忠贤可比那个魏朝贴心多了，久而久之，两个人就勾搭成奸，背着魏朝好上了。

当时的形势对魏忠贤来说一点儿优势都没有，但客氏不在乎，她在皇帝那里的地位无可取代，因此，一般的权势在她看来不值一提，并不能用谁官大来作为客氏选择伴侣的标准。再则，客氏极有可能因为长时间地被冷落而产生了一种心理上的不平衡，皇帝都不敢轻视我，你一个小小的太监，居然敢对我不闻不问这么久。

愤怒、空虚难耐，加上魏忠贤不失时机的关怀，导致了客氏选择上出现偏差。她不需要一个能给她带来富贵的人，因为荣华富贵她已享受过，她需要的是一个知冷知热的知心人。

魏朝很快知道了客氏和魏忠贤在背后干的这些事，他非常气愤，出离气愤让这个人做出了不明智的选择。

一天晚上，魏忠贤和魏朝在乾清宫的暖阁遇上了，同时在场的还有客氏，这两个太监当场就争夺起拥有客氏的权力来。没想到闹得太大，声音传到了当时已经是皇帝的朱由校耳朵里。这个时候朱由校已经睡着了，竟然被这声音吵醒，可见这两个人已经争执到了何种激烈的程度。

既然睡不着了，那就看看发生了什么事吧。于是，朱由校把这三个当事人叫到跟前，问发生了什么事。朱由校这才知道，原来是两个太监都想和自己的乳母好，这可怎么办？

按道理说，皇帝审这种案子，直接依据先来后到的原则就可以做出决断，可是朱由校此时竟然发扬人权至上的精神，再加上他实在不愿意让自己的乳母不高兴，于是，他征求客氏的意见。客氏这个时候明白干脆地表示不喜欢薄情寡义的魏朝，喜欢魏忠贤的"憨猛"，皇帝明白了乳母的心意，于是做出决断，"乃退朝而与忠贤"。

想想魏朝也真是可怜，自己把魏忠贤当作好朋友、好兄弟，当年他走投无路时，还是自己帮了他一把。自己这么热情地帮助他，换回的竟然就是这么一个结果。

不过说起来，魏朝也有点儿咎由自取。毕竟在皇宫中做事，必须有识人的本事，人心隔肚皮，如果不能看清一个人的本质，就极有可能将自己置于不利的地位。而魏朝，他没能看透魏忠贤是个什么样的人，就一厢情愿地把魏忠贤当作兄弟，却不料，这个兄弟根本就没对自己付出过感情，抢起自己的老婆来一点儿都不含糊。

再加上，对待客氏他似乎没有尽心，这样看来，魏朝也不是一点儿责任都没有。

赢得了一个可以帮助自己的女人，魏忠贤并没有感到满足，因为他所做的一切，都是为了踏上富贵的道路，而这条道路，还没有正式开启。

被清理的王安

一个人，辛辛苦苦奋斗了一辈子，就是希望老了之后能有一个好的归宿，能够颐养天年。当王安发现自己竟不再是当年那个呼风唤雨的大太监，而是随便谁都可以欺负摆布的苦命人时，不得不感叹造化弄人。

而让他落到这步田地的，是他当年很是看好，并且多行方便的魏忠贤。

对于王安来说，魏忠贤只是一个年龄很大才进宫，并且没有什么背景来历的人。这样的人在宫中比比皆是，但为什么只有魏忠贤得到了王安和他手下魏朝的青睐呢？

原因很简单，那就是，虽然谁都懂得巴结上司，但是巴结的手法却因人而异，而且效果也不尽相同。魏忠贤在宫里一直以来给人的印象是憨厚老实，话不多，但特别能吃苦，特别能干活儿。这样的人，一般人都觉得他不懂得怎么拍马屁，怎么讨上级欢心。所以，也就没人重视他，更没有人把他当作威胁。而事实恰恰相反，冬眠的蛇咬人更狠。

魏忠贤溜须拍马的手段，比所有人的段位都高。他明白，在皇宫这么一个名利场，像王安、魏朝那样的人，什么人没见过，什么好话没听过？这样的人，你越是凑到他身边去，越是会引起他的反感。所以，魏忠贤利用自己憨厚朴实的外表，认认真真对待王安下的吩咐，没事时候就老老实实待在一旁，不声不响。被烦透了的王安看到这样的人，自然很是满意，再加上魏朝时不时地在他面前说魏忠贤的好话，王安对魏忠贤也就另眼相看了。

因此，当魏忠贤和魏朝争夺客氏时，王安并没有帮助自己的老部下魏朝，反而看着魏忠贤把魏朝生生挤走。

按道理说，魏朝在王安手下多年，没有功劳也有苦劳，王安对魏朝不可能一点感情也没有。而他魏忠贤不过在王安脑子里有个好印象，怎么就能取魏朝而代之呢？这可能和两个人不同的处事方法有关。

从魏忠贤一贯的表现来看，他应该是一个很善于伪装自己的人，并且和人交往时，用的是春风化雨那一套，在不知不觉中让你对他很有好感，从而信任他，甘愿帮助他。魏朝可能就不是这样，他或许是一个办事很认真的人，但从他对待客氏的态度看，这个人很不擅长搞人际关系，客氏成为他的对食对象后，他就对人家不管不问，冷落一旁，从而令客氏对他心怀不满，让魏忠贤钻了空子。可见，魏朝不懂得如何笼络人心，也极有可能不懂得如何讨好别人，或许，王安也觉得魏朝这个人，没有魏忠贤来得贴心。

不管怎么样，魏朝走了，魏忠贤升官了。按理说他应该满足了，他当初进宫的初衷也算实现了。可是，魏忠贤并不是这样想的，他的眼睛对准了下一个目标。

这个目标，就是王安。

王安并不知道，自己早已成为魏忠贤的敌人。虽然王安看好魏忠贤，帮助他，提拔他，却丝毫没有让这个人对王安心存感激，哪怕一丝一毫。魏忠贤此刻想的是，究竟要怎么做才能除掉王安，取代他的位置。

很快，机会来了，魏忠贤并没有费太大的力气，就完成了他的心愿。

当时王安任秉笔太监，他的上级就是地位最高的掌印太监。掌印太监的职位空缺后，按照惯例，应该由下级秉笔太监直接接任这一职务。也就是说，在老上级走了之后，王安应该顺理成章成为掌印太监。

但是，很奇怪，王安并没有顺利接任。

古时的官吏，无论是哪朝哪代，只要是升官，总要上疏表示一下推辞，说自己才疏学浅，难堪大任。这些都是形式，皇帝也都明白，所以一般都会下第二道命令，坚持让你走马上任。然后这个大臣才会前去任上。这是彼此心知肚明的规则，好像也没什么人破坏过。不过这一次，王安就毁在这个规则上了。

按照惯例，王安也上疏表示推辞。本来还想等着皇帝下旨来坚持让自己上任，可没想到等来了一道批准的旨意。也就是说，你不是不想干吗，你不是没能力吗，那好，那你就不要干了，我找别人。

王安一下蒙了，怎么会这样？皇帝这明显不按照规则来啊。谁说他不想干了，做太监的哪个不想做掌印太监，他这就差一步了，怎么会变成这样，错到底出在哪儿了？

错出在魏忠贤身上。

既然要除掉王安，自然不能让他到达至高的位置，否则，自己怎么能有机会对他下手。魏忠贤利用了这条官场上的潜规则，名正言顺地把王安赶走了。既然你提出辞职，那就让你走人，没有暗箱操作，一切都是你情我愿。王安这次才真叫作哑巴吃黄连，有苦说不出。

那魏忠贤到底是怎么具体操作的呢？按道理说，他并没有替皇帝做决定的权力，皇帝自然也不会按照魏忠贤的心愿来处理事情，那他到底是怎么做到的呢？

这个时候有一个人出场了，她将直接导致王安悲惨的下场。这个人，就是客氏。

魏忠贤可能在皇帝面前说不上话，但客氏这个日日夜夜陪伴在皇帝身边的乳母，却是有这个能力的。皇帝也听不到谁的意见，这个身边最亲近的人的话，还是可以听听的。这一听，就把王安的官给听没了。

光把官丢掉了还不算，王安恐怕连命都保不住了。

失去官职的王安，本想就此告别官场，回家养老。他一生在宫中打拼，扶持过两位皇帝，也算功德圆满，虽然最后并没能达到宦官最高的位置，但是一生如此，也算值了。剩下的时间，就好好地享受一下人生吧。可惜，魏忠贤并不想让这个老上级的日子过得舒心,他不仅想要他的权力,还想要他的命。

此时的魏忠贤已经不再是当年的那个管伙食的太监了,在客氏的帮助和自己的努力下,他早已官居要职,并且培养了一大批心腹随从。而这些人派上用场的时候到了。

魏忠贤的爪牙里,有一个叫王体乾的,王安走后,这个人接任了司礼部掌印太监的职位。而一旦这个职位的权力掌握在魏忠贤手里,那么他就真的可以要风得风要雨得雨了。

随后,魏忠贤马上计划杀掉王安。当时魏忠贤和客氏说:"尔我比西李何如?势在骑虎,无贻后悔!"(《明史纪事本末》)意思就是说,你我比当年的李选侍怎么样呢?我们现在是骑虎难下了,如果不做彻底点儿,后患无穷。

魏忠贤先找了几个人上书弹劾王安,然后由客氏在皇帝面前敲敲小鼓,吹吹小风,把王安撤职查办,降为南海净军,再派自己的人去做监管南海的人,这样一来,天时、地利、人和都有了,王安不想死,已经是不可能的了。

魏忠贤想害王安尚好理解,可是客氏究竟和王安有什么仇?她的相好想做高官,她可以通过自己的力量帮助他,不至于非得弄出人命来。其实原因很简单,客氏也恨王安,也想除之而后快。

"害裕妃、成妃,用王体乾杀王安等,皆客氏旨意也。"(《明史纪事本末》)也就是说,正是客氏的意思,加速了王安的死亡。

当初,朱常洛去世时,王安和诸位大臣一并接受了顾命的任务,而王安因为看到魏忠贤日益暴露的本性,所以就想惩戒他一下。正好这个时候,御史方震孺上疏请求让客氏出宫,于是魏忠贤

133

和客氏都受到了不小的惩罚。虽然事后客氏再次入宫，但此时的她，早已对王安怀恨在心了。这也就是她对整治王安如此积极的原因。

王安最后的结局是被"勒令自裁"，但毕竟王安没做过什么伤天害理的事，就算革职，也不一定非要死，所以，王安极有可能是被魏忠贤的人加害而亡，然后谎称自裁的。可怜王安一生辛劳，保皇帝坐皇位，却没能得到皇帝的丝毫庇护，最终落得个悲惨的下场。

王安像极了那个农夫，而魏忠贤就是他揣在怀里用体温保护的蛇，当蛇醒了，反咬一口，置他于死地。不知道王安临死前，有没有后悔过自己当初的付出。

现在，魏忠贤终于除掉了王安，顺利地成为整个后宫最有权势的人。但是，还有一个巨大的影子笼罩在他飞黄腾达的路上，魏忠贤的清理活动还没有完成。

螳螂捕蝉，黄雀在后

万历四十八年（1620年）九月初六，明熹宗朱由校坐在乾清宫的龙椅上，看着面前跪倒一片的大臣，耳听着地动山摇的山呼"万岁"声，觉得这一切好像在梦中，是那么不真实。

想想几天前，自己还是一个唯唯诺诺，被李选侍握在手里，没有一点太子威严的受气包，那个女人把自己当作唯一的筹码，来赌她荣华富贵的未来。可现在，自己居然坐在了天下最高的位置上，接受文武群臣的朝拜，从今天起，他将是大明朝名正言顺的主宰者，再没有人能够左右他，没有人能够掌控他。他，终于解脱了。

或许，这是当上皇帝的朱由校，在经历过那么多的变故后，产生的最自然的想法。只不过，天底下没有一个皇帝是轻松的，有雄心壮志的皇帝，会兢兢业业，日理万机，以图江山永固；昏庸的皇帝，要想着怎么享乐，还不用背骂名，也不容易。只不过，现在的明熹宗，还来不及想到这些，他只知道，自己没有束缚了，总算自由了。

跪在下面的群臣，脑子里想的也是五花八门。先帝朱常洛只当了一个月的皇帝就驾崩了，他们还没来得及有任何作为，这个爷就撒手去了。留下了一大堆棘手的事不说，还让他们这么一帮老头子为了他的江山，不顾斯文，拼了老命从李选侍手里抢过太子——现在的皇帝。一帮读书人，手无缚鸡之力的，容易吗？现在这小皇帝到底会把大明江山带到何处，谁心里也没底。

同样跪在地上的杨涟，心中却是无比激动。上面坐的这个人，是先帝托付给他的唯一命脉，是他要誓死维护的人。先帝不因他的职位低微，在临终前将他列为顾命大臣之一，对他无比信任。"上目视涟久之"（《明史纪事本末》），这一眼，包含了无尽的悔恨，无尽的期望。士为知己者死，他杨涟不为名利，不为富贵，就为先帝这饱含情感的目光，虽刀山火海，吾往矣！

而此时，坐在宝座上的朱由校，看着跪在一边的杨涟，他明白没有这个人，就没有自己的今天，或许，自己会像一个木偶一样，被李选侍玩弄于股掌之间。因此，他明白，自己不能让这个人失望，虽然，之后的他不仅让这个人失望了，还让天下人都失望了。

至此，朝廷似乎进入了一个平静的时期，以杨涟、左光斗为首的东林党人遍布朝廷，而以东林党人一贯的盛名，似乎朝廷应该向着一个更加光明、更加健康的方向发展。

可惜，真实情况不是这样。

杨涟、左光斗确实是一代忠臣，以国家为己任，但不代表整个东林党人都能做到大公无私。东林是一个党派，一个阵营，而朝廷里，历来最残酷的，就是党派之争，东林也不能免俗啊。

东林党人以文官居多，这帮读书人，别的不会，写奏折骂人可是行家里手，他们能不动声色地把你祖宗都问候到，还让你一点儿都觉察不出来。奏折在他们手里就是利剑，而如今，他们要挥起这把利剑，砍掉一些他们不想看见的东西。

看似平静的日子没过两天，一封奏折就拉开了清洗的幕布。

这个点燃导火索的人，叫孙慎行，他上的这封奏折，将矛头直接对向了当时的首辅——方从哲。

这封奏折，火药味十足。"皇考宾天，虽系疢疾，实缘医人进药不审。邸报有鸿胪寺官李可灼进红药两丸，乃原任大学士方从哲所进。凡进御药，太医院宫呈方简明，恐致失误。可灼非用药官也，丸不知何药物，而乃敢突以进。臣谓纵无弑之心，却有弑之事；欲辞弑之名，难免弑之实。即忠爱深心，欲为君父隐讳，不敢不直书云方从哲连进红药两丸，须臾帝崩，恐百口无能为天下万世解矣。"（《明史纪事本末》）这罪名可大了，什么意思？意思就是你方从哲间接弑君啊！那红丸是你进献的，皇帝吃了红丸死了，你当然逃脱不了罪责。这种罪名，搁在当时，凌迟都不为过。

这还不算，孙慎行再接再厉，又给方从哲数出了三大罪。在先帝立皇后这件事上，你方从哲有明显的嫌疑，导致了误立皇后，遗祸社稷，这是一大罪。把皇帝的谥号定为恭，历来谥号为恭皇帝的，都不是什么明君，不是亡国之君，就是降敌之主，把先帝的谥号和那些昏君的谥号定得一样，你方从哲什么意思啊？这是二大罪。再有，李选侍嚣张跋扈，妄想垂帘听政，你方从哲身为首辅，还是先帝临终任命的顾命大臣，为什么不肯慷慨陈词，表明态度，反而模棱两可？这是三大罪。三大罪加上红丸案，方从哲不办不行！

虽然孙慎行激情陈词，但我们可不要跟着他头脑发热起来。为什么在清算红丸案时，不去追究直接的罪人，例如李选侍、李可灼等人，反而和一个老人过不去？

其实道理很明白，东林党人要想完全控制朝政，那么就不能有其他党派的存在，而方从哲，很不幸，他不是东林党人，而是浙党。所以，东林党人想要清除浙党，就必须找一个人开刀，首辅就是最好的人选。

孙慎行的一封奏折在朝中引起轩然大波，而后，又有东林党人不断上疏，要求严惩方从哲。史载，随后上书的是左都御史邹元标，御史嘛，本来就是个专门骂人的官，从他嘴里，基本上不会听到好话。他骂起方从哲来，比孙慎行有过之而无不及。"方从哲秉政七年，未闻辅相何道，但闻一日马上三书催战，将祖宗栉风沐雨一片东方，尽致沦没。试问谁秉国钧，而使先帝震惊？使张差闯宫？使豺狼当道？使宵人乱政？使潜鳞骇浪？将何辞以对！从哲近在肘腋，群阴密布，臣投林一世，耻言人过，岂敢过求从哲……从来乱臣贼子，有所惩戒者，全在青史。臣不知忌讳，为先帝计，为陛下万寿无疆计，为天下万世君臣计，为寒将来奸臣贼子之胆，杀将来奸臣贼子之谋计。"（《明史纪事本末》）这下可好，几乎把所有的罪过都推到了方从哲身上，什么国土沦丧啊，太子被袭啊，反正都是你方从哲不对。我邹元标别的不会，但有一颗赤胆忠心，为了国家打算，一定要杀了这个奸臣贼子。

当然，其间也有人为方从哲辩驳，但在一片团结有力的声讨声中，显得微不足道。方从哲一看形势不对，自己上了一道奏折，希望能够回家养老，不再参与朝政。风烛残年的老者，就这样灰溜溜地离开了他曾经的战场。

随着方从哲的离开，一大群浙党受到牵连，纷纷离开朝野。至此，东林党人算是完成了驱除异己的任务，开始摩拳擦掌，将朝廷引向符合自己心意的方向。

说起来，方从哲确实是一个没有什么魄力的人，他生性软弱胆小，不能堪当大任，虽然经常上疏，但内容无非是顺从皇帝的心意，没有什么实质。但他实际上是很不容易的，以他本不过硬的才干，维持着一个帝国的运转，而没有使朝政走向崩溃，这已经让他殚精竭虑、苦不堪言了。再加上他的声望本就不高，以一己之力对付满朝文武，他方从哲对得起首辅这个职位了。

只可惜，这样一个老实人，却在晚年卷入了党派之争，不得不说造化弄人。

明末的党派之争，其残酷和黑暗是常人无法想象的。即使是久负盛名的东林党，也不能逃脱这个旋涡。权力，历来是所有为官为政者梦寐以求的礼物。但权力，也是一个可以反噬的恶魔，它无时无刻不在侵吞着人们的善良和单纯，让曾经的莘莘学子变得老奸巨猾，变得口是心非。但这就是官场，如果你不掌握权力，就没有任何立足之地，更不要说实现宏图之志了。有良心的人，虽然本质已经不再质朴，但他能将权力化为雷霆，扫去世间所有尘霾。而无良之人，却会将权力变为自己谋取福利的钥匙，打开金库的同时，也在国家面前打开了通往地狱的大门。

　　按说，朱由校坐上皇帝宝座后，应该在东林党人的指导下，做一个兢兢业业的明君吧。可惜，历史总是和人开玩笑。就在东林党人还没来得及擦把汗的时候，他们惊恐地发现，皇帝的身边多了一个影子，而这个影子，将成为他们毕生的噩梦。

汪文言被害

昏暗潮湿的牢房，摇曳着惨淡如豆的灯光，汪文言独自坐在角落里，闭目养神，不知道在想些什么。按道理说，所有坐牢的人，或多或少都会有些憔悴和凄惨，但此时的汪文言，脸上没有丝毫的倦容，反而透着隐隐的担忧。他隐约感觉到，一场风暴正在酝酿当中，而这场风暴，将有可能将这个王朝带向万劫不复的深渊。

这场风暴的策划者，就是魏忠贤。

得势后的魏忠贤，每天想的就是如何处理自己和东林党人的关系。在他看来，这群人软硬不吃，以正义和气节为毕生的追求，并且极端地看不起没有知识、没有道德的人，比如他魏忠贤。所以，无论魏忠贤怎么示好，东林党对他就是不理不睬，并且还时不时地表示一下蔑视。

这让魏忠贤极端愤怒，按照他的逻辑，既然不能为我所用，那就必须除之而后快。但是东林党人似乎没有任何把柄，是铁板一块。这并没有难倒魏忠贤，因为他找到了一个很好的突破口——汪文言。

汪文言算得上一个很传奇的人物了，早先他是家乡一个很不起眼的狱吏，但这个人非常有心计，有谋略，特别能搞人际关系，对于上门求助的人一概倾力相帮，很有点及时雨宋江的味道。不过这个人也不是个身家清白的人，监守自盗，吃掉好处费的事没少干。

既然三教九流都有朋友，说明汪文言是一个见人说人话，见鬼说鬼话的人，这样的人，要求他刚正不阿、廉洁公正似乎不太现实。因此，汪文言虽然在民间口碑甚好，但在清高的读书人眼中，不过是一个偷奸耍滑的小人物，不值一提。但就是这个小人物，后来成了东林党不可或缺的重要力量。

第一个注意到汪文言的是一个叫于玉立的人，此人是当时的刑部郎中。他找到汪文言，派他去京城替自己打探一下朝中的消息。他相信汪文言这样的人，到哪儿应该都吃得开，派他去最为合适。

来到京城的汪文言很快发现自己的特长根本得不到发挥，因为他这么一个从小地方来的人，一无背景，二无功名，压根儿就没有人理他。生平第一次，汪文言感到了一种挫败感。无奈之下，他只得花钱买了一个监生，顶着这个头衔，他开始发挥特长，上下疏通，居然混到和王安拉上了关系。通过王安，汪文言结识了不少人，而这些人，都是东林党。

虽然汪文言此时并不算东林党的正式成员，但他敏锐地感觉到一个信号，不久的将来，一定是东林党人的天下，所以，他主动靠近东林党，并为他们做了一件大事。

当时，能和东林党相抗衡的，有所谓三党，即齐、楚、浙三党，而汪文言利用自己能言善辩的长处，居然在一番合纵连横后，将三党一一瓦解，使东林党成了最后的赢家。从此，东林党人开始重新审视这个人，并最终确立了汪文言在东林党中的智囊位置。

可就是这个智囊，却成了打击东林党人的突破口。

事情的起因源于熊廷弼，当初他将大军悉数撤入山海关，把广袤的辽东地区拱手送给了后金。这件事经过审议，最后决定，熊廷弼一定要杀。但是熊廷弼不想死，于是他就开始四处找人托关系，希望能够保住一命。最后，他找到了汪文言。

汪文言二话不说，立刻着手办理此事，当时唯一的办法，就是把熊廷弼不想死的愿望传到内廷，而当时掌管内廷的，正是魏忠贤。当然，出于党派之争的考虑，汪文言自然不可能亲自去找魏忠贤。经过几层关系后，魏忠贤知道了这个事情，很痛快地答应帮忙，但也提出了条件，那就是钱。

史载，当初熊廷弼让汪文言拿着四万两银子去内廷打点，可不知怎么回事，最后事情并没有办成，也就是说，魏忠贤没有得到这四万两银子。联系汪文言的为人，其实可以想到，这四万两银子不可能都被用在打点关系上，汪文言作为中间人，也是要收取一定的好处的，不过这好处的数额就不得而知了。或许熊廷弼的四万两银子根本不够，既然不够，那事情也就不办了。

魏忠贤不会看着一笔将要到手的钱白白流走，当他得知是汪文言在中间调和的时候，这个阉党首领愤怒了。两党相争，居然还敢托我办事，吃我的好处费。既然如此，那熊廷弼就不能不死，不光如此，还要带上整个东林党为他陪葬。

魏忠贤开始行动了，他马上上疏说熊廷弼损失国土，必须正法。而且，还把熊廷弼想要通过贿赂得以免予死刑的事情公布出来，只不过这次，他的矛头不仅仅指向了汪文言，他的最终目的，是通过汪文言，打倒整个东林党。

汪文言毫无意外地下狱了，魏忠贤本来以为，这么一个世故圆滑的人，一定能从他的口中，得到自己想要的证词。不过，这一次，魏公公的如意算盘打空了。

因为另一个人出现了，黄尊素。

当时黄尊素的职务是御史，在听说汪文言下狱后，他立刻明白了魏忠贤的计划，于是，他马上找到负责看守的刘侨，对他说："文言不足惜，不可使缙绅祸由此起。"意思是，汪文言倒是无所谓，但是绝不能让他牵连别人。刘侨答应了，所以汪文言一开始在狱中的日子并不难过。

但是时间久了，魏忠贤坐不住了，他马上命人再次弹劾汪文言，并且换掉了负责审讯的人，把他的爪牙许显纯换了上去。

这个许显纯，只能用臭名昭著、人神共愤来形容。他强烈爱好酷刑，并且对于研究如何虐待犯人有着极大的爱好。当这个人出现在汪文言面前时，汪文言知道，自己的死期到了。

许显纯明显没有审问的耐心，一上来就对汪文言采用了极为残酷的刑罚，一次又一次的拷打折磨，让汪文言伤痕累累，痛苦不堪。可是，无论怎样的酷刑加身，面对许显纯的追问，汪文言就是不松口，问什么都说不知道。

惨无人道的拷问持续了两个多月，汪文言的外甥买通了看守，到牢房里去看望他的舅舅。当看到几无人形的舅舅时,外甥失声痛哭。而此时的汪文言,没有悲戚,没有安慰,有的只是严厉的呵斥:"孺子真不才,死岂负我哉!而效儿女子相泣耶!"(你这个孩子真是没用,难道我怕死吗?哭什么哭!)

就在许显纯为如何撬开汪文言的嘴而大费脑筋之际,汪文言开口了:"吾口终不似汝心,任汝巧为之,我承焉可也!"(我说的终究不像你心中所想,索性你要我招认什么,你说出来,我应承就是了。)

听到这话的许显纯高兴坏了。这么长时间,居然连一句供词都拿不到,许显纯正愁如何向魏忠贤交代,此时汪文言的话如同救命稻草,许显纯抓住了就不想放手。于是,许显纯让汪文言诬陷东林党人收受贿赂,并承诺只要汪文言说,就放过他。

令许显纯没想到的是,已经奄奄一息的汪文言,听到这话后,居然猛地起身,用尽全身的力气,怒吼道:"天乎!冤哉!以此蔑清廉之士,有死不承!"恼羞成怒的许显纯不仅变本加厉地折磨汪文言,还采取了一个卑鄙无耻的方法解决这个问题,伪造口供。已经遍体鳞伤的汪文言,虚弱地发出抗议:"尔莫妄书,异时吾当与尔面质!"(你不要乱写,否则就算我死了也要与你当面对质!)

这是汪文言留在世上最后的抗诉,而后,这个东林党人,被许显纯害死在狱中。

或许汪文言投机取巧,八面玲珑,或许他的为人并不是那么磊落,或许他加入东林党只是审时度势的结果,而不是为了天下苍生。但在人生的最后时刻,并不那么纯正的东林党人汪文言所表现出的，却是最最纯正的东林风骨，这是古往今来的正义之士都拥有的风骨。即使要经历千锤百炼，面对罪恶，也决不妥协。

汪文言被害，东林党看似不可战胜的铜墙铁壁，终于出现了一丝裂缝。而魏忠贤，将把这道裂缝越撕越大，撕成无法弥补的黑洞，那么除掉所有东林党人的日子就不远了。

下一个殉道者：杨涟

东厂的诏狱，大明朝最肮脏龌龊的地方，让人听到它的名字就遍体生寒的地方。无论是因为什么原因进到诏狱，都将是无止境的拷打、折磨。只有在这里，才能真正体会到什么叫作生不如死。

自从魏忠贤掌管东厂后，这里就成了人间的阿鼻地狱。只要是他看不对眼的人，就会被编织一个罪名抓进诏狱锤炼一番。汪文言已经惨死于此，下一个枉死的人，会是谁呢？

杨涟，当这个名字出现在魏忠贤的生死簿上时，东林党全面崩溃的最后一刻也就到来了。

在这之前，杨涟一直没有停止过和魏忠贤的斗争，虽然此时的东林党，已经不是当年风光的"众正盈朝"，朝政在魏忠贤的把持下，早已面目全非，腐败黑暗，而皇帝，永远在做他做不完的木工，对于外面的世界，一概不管不问。没有了同道的帮助，杨涟感到了前所未有的孤独。

天启四年（1624年）六月，时任左副都御史的杨涟上疏弹劾魏忠贤二十四罪。文中历数魏忠贤自入宫以来的种种不轨，比如颠倒黑白、滥杀无辜、残害忠良、欺君罔上、扰乱朝政、贪污腐败、滥用酷刑，句句是血，字字是泪。这篇奏折写到最后，几乎是杨涟愤怒的控诉，国家已经到了这个地步，如果皇帝再不杀掉魏忠贤，江山还有什么指望！

这哪里是一封奏折，分明是一把匕首，如果皇帝能够看到，那么，这把匕首将会插入魏忠贤的心脏，让他万劫不复。可惜，杨涟没能将这道折子递到皇帝手中，魏忠贤的权势已经太大，大到任何致命的武器，都已经不能靠近他一分。

一开始，杨涟怀揣着奏折，期盼着能够在上朝时当面呈交皇上。但令他没想到的是，这一天，皇帝没有上朝。为了不让时机溜走，杨涟只得按照惯例，"遂于会极门上之"（《明史》），从会极门把折子递了上去。当折子从自己手中交出去后，杨涟就知道，皇帝永远也不会看到这篇控诉书了。

杨涟是对的，皇帝没有看到，但魏忠贤看到了。不仅看到，连内容他也知道得一清二楚。面对杨涟的指控，这个横行霸道的太监害怕了，为了避免杨涟有机会在皇帝面前直接指证自己，魏忠贤居然阻止皇帝，让他连续三天没有上朝。到了实在阻止不了的时候，就派人将皇帝团团围住，并且看好百官，不许任何人发言。

最终，杨涟失去了在皇帝面前直陈魏忠贤罪行的机会，而这，也是他最后的机会。

被人戳破恶行的魏忠贤自然不会善罢甘休，他一早就盼着能够彻底打垮东林党。之前，因为自己的力量还不够强大，魏忠贤一直隐忍着，而现在，似乎不能再忍下去了。魏忠贤决定，就让杨涟和他的党派，一起消失。

从一开始，杨涟就没有认清形势，起码他没有看到自己力量的薄弱。毕竟魏忠贤身处内廷，在皇帝身边，对于左右和动摇皇帝的思想，有着杨涟等东林党人所没有的优势。况且，魏忠贤还有无数的爪牙充斥朝野。而杨涟呢，昔日的战友已经所剩无几，而那个他寄予全部希望的皇帝，也并没有表现出对魏忠贤的厌恶，就是在这样的情况下，杨涟贸然发动了进攻。他认为打倒魏忠贤是正义，是公道，是应该顺应的潮流。可惜，真理虽然站在他这一边，但是，实力却不是他的盟友。

杨涟注定失败，而且将以生命为代价。

天启五年（1625年），魏忠贤以收受熊廷弼贿赂为名，将杨涟、左光斗等人逮捕入狱。

在狱中，许显纯拿出了那份伪造的汪文言的供词，供词上，诬陷杨涟收赃两万两。虽然汪文言到死也没有放弃他的信念，但不幸的是，小人当道，坚守至死的清白也被无情地泼上了浑水。

许显纯拿着供词很是得意，因为无论杨涟招还是不招，他都没可能走出这座牢狱一步。如果杨涟招了自然好，可以成为扳倒东林党的铁证，并且让杀掉杨涟有个光明正大的理由；就算他不招，他也会死在这里，死得悄无声息，不能再和魏忠贤作对。在许显纯看来，这是一次非常轻松的任务。

本着"公正"的态度，许显纯还是对杨涟进行了例行的审问，而结果也是可想而知的，面对这个无耻之徒，杨涟只有不屑和蔑视。不管许显纯诬陷杨涟什么，杨涟总是能够反驳得他哑口无言，直到无话可说的许显纯汗流浃背，开始用刑。

事实证明，小人陷害忠良，永远不需要高超的谎言。

史载，对杨涟的拷打，可谓"甚酷无生理"（《明史纪事本末》）。残酷的刑罚每五天进行一次，而每一次，都如同是地狱的召唤，对于杨涟，许显纯显示出了他残暴嗜血的本性："比时累累跪阶前，诃诟百出，裸体辱之，弛杻则受拶，弛镣则受夹，弛拶与夹，则仍戴杻镣以受棍。创痛未复，不再宿，复加榜掠。后讯时皆不能跪起，荷桎梏平卧堂下，见者无不切齿流涕。"

如果这个世界上真的有魔鬼，那么许显纯一定就是其中之一。对于一个文弱的读书人，他无所不用其极，各种刑具都用在了杨涟的身上，直到后来，杨涟浑身上下没有一块好地方，以至于过堂审问时，站不能站，跪不能跪，只能用枷锁铐上，将杨涟拖到堂上，躺在地上受审。不仅如此，许显纯还剥去杨涟的衣物，用这种方法羞辱着这个坚贞的东林党人。

对于读书人来说，没有什么比袒胸露背更让人羞愧的了，杨涟经受着来自肉体和心理的双重折磨，痛不欲生。但就是这样，杨涟也始终没有应承过一个字。许显纯在他面前就像一个跳梁小丑，使尽浑身解数，也得不到一句他想要的答案。杨涟看着这个人在自己面前表演，只觉得他是那么可怜。是的，对于一个没有利国利民的理想，没有匡扶天下的胸怀，只知蝇营狗苟、助纣为虐的人来说，杨涟是强大的，强大到令许显纯时时感觉到一种威慑、一种恐惧。

得不到任何东西的许显纯终于失去了耐心，能不能拿到杨涟的供词已经不重要了，他现在迫不及待地想要这个人死，因为无论什么时候，看到杨涟蔑视的目光，许显纯都觉得自己的心脏快要停止跳动。但是，杨涟毕竟是因为一个受贿的罪名被捕入狱，想要弄死他，就只能暗杀，也就是他身上不能有致命的伤痕，不像是死于他手，只有这样，才有编造杨涟自杀的可能。

谋杀，终于开始。

许显纯选择的，是一种特殊的手法，土囊压身，也就是用装满土的麻袋压在犯人身上，犯人就会在没有任何皮外伤的情况下死去。一般来说，监狱里暗杀都会采取这种方法，但是这个方法用在杨涟身上，似乎并不奏效。杨涟居然在被土囊压身之后没有死，这也算个奇迹了。

许显纯受不了了，本来什么都没问出来就已经难以交差了，如果连个人都杀不死，他也就不用再跟着魏忠贤混了。想到这，丧心病狂的许显纯用了一个丧心病狂的办法，铁钉贯耳。

许显纯将一根大铁钉从杨涟的耳朵钉进头颅，这一次，奇迹没有发生。天启五年（1625年）七月，一个阴森的晚上，杨涟走完了他的一生，时年五十四岁。

从杨涟迈入牢房的那天起，他就已经知道自己绝无生还的可能。死对他来说并不可怕，可怕的是正义得不到伸张，他的信念得不到公平的对待，没有人知道他在狱里经受了什么。这些，是杨涟不想看到的。

于是，在一次受刑之后，遍体鳞伤的杨涟用他颤抖的双手，写下了最后的哀鸣《告岳武穆疏》：

"涟今死杖下矣！痴心报主，愚直仇人；久拼七尺，不复挂念。不为张俭逃亡，亦不为杨震仰药，欲以性命归之朝廷，不图妻子一环泣耳。

"打问之时，枉处赃私，杀人献媚，五日一比，限限严旨。家倾路远，交绝途穷，身非铁石，有命而已。雷霆雨露，莫非天恩，仁义一生，死于诏狱，难言不得死所。何憾于天？何怨于人？

"唯我身副宪臣，曾受顾命。孔子云：'托孤寄命，临大节而不可夺！'持此一念，终可以见先帝于在天，对二祖十宗与皇天后土，天下万世矣！大笑大笑还大笑！刀砍东风，于我何有哉！"

面对正义之路上的孤独无助，面对挑战阉党时的力不从心，面对残忍的刑罚、无尽的拷打，杨涟，这个执拗的读书人，表现出了最高贵的品质，为了公理，为了天下，即使前面是深渊，是地狱，也步履坚定，不改初衷。

这样的人，他们或许固执，或许清高，或许酸腐。但他们的身上，有一种品质，而这种品质，是流淌在整个民族血管中的精华，是最可贵的财富。这样的品质，能够持续给予人们力量，让更多的人义无反顾地踏上天下为公的道路，即使荆棘重重。

成为"九千九百岁爷爷"

西湖岸边,一座祠堂傲然挺立,金碧辉煌。它的两边,是铁血英雄关云长和岳元帅的祠堂。能和这两位大人物的祠堂比邻,这座祠堂里供奉的,应该也是一位于国于民都有极大贡献的人。不过看上去,好像没什么人到这座祠堂里来拜祭,香火远远比不上另外两座祠堂。而且更为奇怪的是,路过祠堂的人,居然大多面露鄙夷之色。这到底是谁的祠堂?

这座祠堂供奉的不是逝去的先贤,而是一个活人,一个权势遮天的活人,魏忠贤魏公公。

这个世上有很多人,做了很多利国利民的好事,都不一定能够在死后拥有一座祠堂,受人祭拜。能在在世时就被人当作神明一样供奉起来的,就更是罕见。魏忠贤不过是一个手握重权的太监而已,他何以能够得到这样的待遇?

修建生祠不过是一种讨好巴结的行为,一座祠堂就好像是一块敲门砖、一张通行证,可以让官员们和魏公公扯上关系,巴结得好的，没准儿能平步青云，巴结得不够的，起码也能因为一座祠堂的镇守，过上相对平静的日子。

在大明朝当官，尤其是在现在的大明朝当官，知道皇帝的脾性已经不重要了，最重要的是，一定要知道魏忠贤的爱好和忌讳，免得连拍马屁都不知道从何下手。金銮殿上那个万岁爷已经不可怕了，可怕的是站在他身边的九千岁，魏忠贤。

九千岁这个称呼，其实是"九千九百岁爷爷"的简称，这个称呼很有意思，毕竟，皇帝是最大的，称为万岁，而后宫的娘娘、各地的王爷，按照礼制，都被称为千岁，没有谁会因为什么排名而被称为二千岁、三千岁的。但是魏忠贤就不同了，天启皇帝对他极端宠信，几乎到了千依百顺的地步，这个魏公公的实力，实在不容小觑。

相比那些妃子、王爷，魏忠贤可以说得上是手握生杀大权。面对这样一个如同阴影一般存在的人，自然会有很多期望当官得势、飞黄腾达的人，急着对他溜须拍马。于是，"九千九百岁爷爷"的称呼就应运而生了。魏忠贤是太监，怎么折腾他也不可能当皇帝，自然不能称他为万岁。魏忠贤再欺君罔上，这点面子上的东西还是要遵守的。可他本质上早已经和皇帝不相上下了，叫千岁又委屈了他，于是就有人充分运用了智慧，发挥了天才般的数学才能，尊称魏忠贤为九千九百岁爷爷。

据史料记载，魏忠贤走到哪儿，都有人跪下来五拜三叩，口称九千九百岁爷爷，喊得魏忠贤心里十分愉快。想想自己当年进宫，不过是一个端茶倒水、受人驱使的下人，谁能想到今天，已经不是凡人。

当魏忠贤彻底收拾掉东林党后,他欣喜地发现,整个朝廷再也没有人和他作对,他再也不用担心有一天某个大臣突然在早朝上呈上一本二十四罪,再也听不到任何反对的声音,现在还能够站在朝堂之上的,要么是没什么胆子的老实人,要么就是阉党的成员。在魏忠贤的统治下,朝廷内外,一片大好。

肃清了朝野,魏忠贤觉得应该再干点儿什么大事。追求荣华富贵早已不是他的目标了,如果说早年刚进宫的魏忠贤只是想找一条吃饭穿衣的生路的话,那现在的魏忠贤已经不把金钱放在眼里了。钱,他有;官,也做到极致了。魏忠贤开始动了一个所有功成名就的人都会动的心思,著书立说,青史留名,虽然,他留在青史上的,是骂名。

魏忠贤绝对是一个行动派,想到了就马上着手去做。不过,刚开始他就遇到了困难。魏忠贤不识字。

要求一个地痞流氓有文化实在是为难了魏忠贤,好在虽然没念过书,手下却不缺读书人。魏忠贤组织了一帮人给他编书,没过多久,书就出来了,叫《三朝要典》。主要内容是重新述说"红丸""梃击""移宫"三案。在这本书里,对这三件案子的描述和评价,都是超出人想象的胡说。就算三大案是发生在前朝,但时间并不久远,很多经历过的人还都在世,这样胡编乱造,怎么会有人相信?

魏忠贤根本就不担心没人相信,他也不需要有人相信。他编这部书的目的,就在于诋毁污蔑东林党。魏忠贤知道,虽然他已经把东林党从朝廷彻底赶了出去,但东林党存在时间久远,而且影响极大,朝廷没有了东林党人,但还有不少东林党人散落民间。

东林党是一种信仰,不会因为形式的破灭就消失殆尽。魏忠贤最怕的就是这样的党派卷土重来,他要尽所有的可能把污水往东林党身上泼,要让这个党派真正地蒸发,就算瞒不过当代人的眼睛,也要让后世不能了解东林党究竟是一个怎样的组织,他们究竟做过些什么。

魏忠贤想得很美好,可是,历史的记录从来不会听从某一个人的指使。就算所有记录真实的文字都被销毁,历史也会以它的方式,将真实继续流传下去。因为公道和正义,从来都不是存在于纸上,它们活在人们心里。

《三朝要典》成书后,立刻受到了阉党成员的追捧,几乎人手一册,大家看了,纷纷对"真实"的事件表示了极大的愤慨,并且再一次地谴责和辱骂东林党的不轨行为。魏公公看到反响这么好,非常满意。

为了能够让人们记住当年究竟是谁参加了万恶的东林党,魏忠贤趁热打铁,又出了一部《东林点将录》,在这份名单中,参照《水浒传》,魏忠贤将和他作对的东林党人按一百单八将来了一次大排名。其中,杨涟是大刀关胜,而左光斗,对应的是豹子头林冲。

一百单八将,个个是义薄云天的好汉,把东林党人和他们联系在一起,怎么看也不像是讨伐的做法,反而有些赞颂的意味。真不知道魏忠贤编这份名单对自己有什么好处,或者,他根本就不知道会是这么一个效果。

既然魏忠贤的心愿是青史留名，那手下的人就得满足上司的愿望。众多青史留名的人，在死后都会被立祠祭祀。不过魏忠贤还没死，那就给他修建生祠。

最早提出要建立生祠的是浙江巡抚潘汝桢，他不光修好了祠堂，还上疏请皇帝赐匾，奇怪的是皇帝并没有说什么。这样一来，全国各地的官员就如同看见了许可证一样，有点儿钱的，都争先恐后地给魏忠贤修建生祠。

据史料记载，当时全国有苏州、松江、淮安、扬州、济宁、河东、河南、大同、登莱、湖广、四川、陕西、徽州等十几个地区建立了魏忠贤生祠。不光如此，北京城周围的各个地区也是如此，更过分的是连北京城内都可以看到魏忠贤的祠堂。在皇帝的眼皮底下敬奉一个太监，可见魏忠贤早已不把皇帝放在眼里，于他，皇帝只是一个木偶，根本没有任何的约束力可言。

修建祠堂之风不仅越刮越猛，修建的豪华程度也是比比攀升。生祠的修建，已经到了无以复加的复杂和精巧。"各曲意献媚，务穷工作之巧……其上食飨祀，一如王公。像以沉香木为之，眼耳口鼻手足，宛转一如生人。腹中肺肠皆以金玉珠宝为之，衣服奇丽，髻上穴空其一，以簪四时香花。"（《明史纪事本末》）偶像是用沉香木这样的名贵木材雕刻而成，四肢和五官都是可以活动的，看上去就像真人一样。偶像的腹中是中空的，里面填满了金玉宝石，并且发髻也是空的，为了插上四季的时令鲜花。能工巧匠的手艺用在给一个祸害修建如此美轮美奂的祠堂上，实在是浪费而可耻。

祠堂是豪华的，修建的代价是极大的。每修建一座祠堂，都要

"攘民田墓,伐人树木"(《明史纪事本末》),百姓的田地,生活的唯一来源,说占就占,没有商量的余地,而百姓也只能眼睁睁地看着自己的家园被毁,却不敢抱怨一声。

不仅百姓如此,修建的工人们也顶着很大的压力。有一次,一个祠堂的偶像的头雕得有些大,不能和头冠相匹配,工匠害怕上面怪罪下来,只好把头削小一点,配得上头冠。没想到魏忠贤的爪牙居然因为这个就痛哭流涕,责骂工匠,好像他削的不是偶像的头,而是魏公公的头。

到了现在,魏忠贤总算可以松一口气了,书也出了,名也留了,每天还有一帮人在自己的雕像面前磕头跪拜,烧香祈福。人生如此,可以满足了。魏忠贤确实很满足,并且很骄傲,古往今来,做太监做到他这个地步的,恐怕除了他魏忠贤,没有第二个人了。魏公公觉得,从今以后,可以开开心心地过日子了,要风得风,要雨得雨,这个国家,说是朱由校的,其实,就是他的。

长久以来的规律告诉我们,人不能作恶,作恶后也不要得意。因为,天欲令其灭亡,必先使其疯狂。魏忠贤的好日子,恐怕不会久。

第六章
当皇帝成为杰出木匠的时候

张皇后来了

当杨涟、左光斗等人惨死狱中后,魏忠贤终于扫清了所有的敌人。从现在开始,他是真正的掌权者,只要让皇帝有木头玩,大明朝就是他的。

天欲令其灭亡,必先使其疯狂。魏忠贤看似所向无敌,但上天却给他降下一个克星,这个克星是个女人。

张嫣,明熹宗的皇后,是一个厉害的女人。

虽然魏忠贤控制了朱由校,但娶老婆这件事他却管不着。天启元年(1621年)四月,张嫣被册封为皇后。魏忠贤根本就没把这个刚刚十五岁的小姑娘放在眼里,在他看来,这个女孩子只不过是因为美貌才被皇上选中,只要威逼利诱一下,这个皇后也会成为他的傀儡,根本不会对他构成什么威胁。只可惜,这次,魏公公的如意算盘打错了,美貌并不代表不会思考。小小年纪的张嫣,早就看透了魏忠贤的恶行,她决定,绝不能让这个人毁掉皇帝,毁掉自己的一生。

当时，魏忠贤的对食对象是皇帝的乳母客氏。这个对食，其实就是相好，太监和宫女基本上一生都被困在皇宫里，百无聊赖，索性互相扶持。而这个客氏，却实在不是什么好人，所谓蛇蝎心肠说的就是这样的女人。魏忠贤和客氏，把持皇帝左右，看似铁板一块，没有缝隙，但张皇后，却生生把这块铁板劈出了一道裂缝。

张嫣经常在皇帝面前陈述魏忠贤和客氏的罪行，虽然皇帝沉迷于手工制造，对其充耳不闻，但张嫣却引起了魏忠贤和客氏的憎恨。他们看出，这个皇后似乎不是那么好对付的。但两个大人联合起来欺负一个孩子，还是会有些办法的。

最开始，魏忠贤还不敢直接对皇后下毒手，因此他就在皇帝面前造谣，先是说皇后的父亲张国纪品行不端，然后又说皇后不是张国纪的亲生女儿。这些话对熹宗震动很大，史书记载，"几摇天听"（《明史纪事本末》）。

不过，好在经常劳动的明熹宗还是有点儿脑子的，虽然这样的谣言当时震动很大，但事后明熹宗也没放在心上。魏忠贤和客氏一看这件事就这么不了了之了，很是不甘，于是，他们又开始了第二步计划。

这个计划有点儿狠，直接导致了明熹宗无后。

其实，朱由校虽然一直致力于手工业的发展，但对传宗接代这样的大事也不敢掉以轻心，还是有妃子替他诞下龙种的，只不过，这些孩子都没能存活。

按道理说，虽然古代新生儿的存活率比较低，但也没有这样百分百夭折的。究其原因，还是魏公公下的手。

虽然魏忠贤并不想当皇帝,他也没那个能力当皇帝,但他却需要一个傀儡皇帝攥在手里,这样,无论怎样的大风大浪,他也能蹚过去。可是,像明熹宗朱由校这样的呆子皇帝,实在是不可多得,魏忠贤担心,一旦皇帝有了子嗣,而这个孩子比他爹聪明,那长大以后可就不好管了,没准儿还会清算自己当年的那些烂事。所以,皇帝不能有孩子,这就是魏忠贤最直接的想法。

因此,皇宫里才会一再传出皇子公主夭折的噩耗,就连皇后都不能幸免。"三年,后有娠,客、魏尽逐宫人异己者,而以其私人承奉,竟损元子。"(《明史》)张嫣怀上龙子,魏忠贤和客氏竟然把她身边的宫人尽数驱逐,换上了自己的人。更过分的是,他们居然使用了一种特别隐蔽的手法,在给皇后按摩的时候,伤及腹中的胎儿,以致流产。此后,张皇后一生不孕。

失子之痛让张嫣愤怒了,卖官鬻爵,杀人放火,这些可能和皇后没多大关系,但看着自己的孩子还未出世就被人害死,这样的痛苦不是她能忍受的。她明白,如果再让魏忠贤和客氏控制皇帝,那么大明朝迟早会自行毁灭。既然这样,那么,她要魏忠贤给她的孩子陪葬。

不得不说,张嫣确实是一个很有心计的女人,虽然她年龄尚小,但做事的风格却十分老辣。她知道,靠向皇帝进言是根本不可能撼动魏忠贤的地位的,那么,就只能让皇帝在潜移默化中看到魏忠贤的罪行,最终让他得到惩罚。

一次,皇帝来到皇后的寝宫,看到皇后在读书,就随口问读的是什么书。张嫣放下书本,平静地答道,读的是《赵高传》。朱由校再文盲，赵高是何许人也还是知道的。而张嫣，他的皇后，好端端地为什么要读《赵高传》，这不得不让朱由校思考。

不过，魏忠贤的好日子也快到头了，因为他的靠山朱由校，病危了。

皇帝病危，按道理说应该传位给太子，可是朱由校没有孩子，怎么办，谁来继承大统？这个时候，张皇后和魏忠贤又开始了一轮斗争。

张嫣明白，绝不能让魏忠贤以给皇帝找接班人的借口弄进来一个来路不明的孩子，日后再次成为他的傀儡。于是，张嫣跪在朱由校的病榻前，苦口婆心地和他说了几个时辰，终于让皇帝下定决心，将皇位传给自己的弟弟信王朱由检。

事实证明，张嫣是对的，尽管大明朝气数已尽，但她好歹让朱由校做了一个比较正确的决定，让这个王朝又继续存活了一段时间。

而朱由检的到来，预示着魏忠贤即将走完他充满血腥和罪恶的人生道路。

继位是件靠谱的事

天启七年（1627年）八月，一天，熹宗朱由校把自己的弟弟信王朱由检召入宫中。当朱由检急匆匆地来到皇帝寝宫时，他看到的，是缠绵病榻已久的熹宗，他的哥哥。本来朱由检还想嘘寒问暖，以尽手足之情，没想到，朱由校一把拉住弟弟的手，拼尽全力说出"吾弟当为尧舜之君"（《明史纪事本末》）。朱由检一听，大惊失色，连忙跪在地上，一边磕头一边说："陛下为此言，臣应万死。"（《明史纪事本末》）尧舜之君？皇帝还没死呢，这要是应下来，万一过两天朱由校康复了，想起这天发生的事，再来算他的后账，哪还有不死的道理？

没想到朱由校并没有就此打住，反而将宫内的事一并托付给他："再以善事中宫为托，及委用忠贤语。"这意思就是，等朱由检当了皇帝，一定要善待皇后张嫣，并且要继续重用魏忠贤。

朱由检听到这儿，发现自己的哥哥好像不是病糊涂了，而是真的要把皇位传给自己。此时的他，终于郑重地跪拜眼前的这个人，接受了这个全天下人都梦寐以求的差事，同时，也是世界上最沉重的枷锁。

天启七年（1627年）八月二十二日，熹宗薨，享年二十三岁。

朱由校，一个皇子，经过了储君生涯，最终走上皇位，却因为幼年时期没有得到良好的教育，以致沦落为魏忠贤的傀儡和工具，一生被魏忠贤的阴影所笼罩，最终一个子嗣都没有留下，成了这世上真正的孤家寡人。

他没有治世的才能，最大的爱好就是制作木器，传说，朱由校制作的各种木器精美绝伦，构造复杂，在当时的市场上就价值不菲。如果他没有生在帝王家，而只是一个普通人，也许，我们现在记住的，可能会是和鲁班齐名的木匠朱由校，而不是一个浑浑噩噩，不知明日为何日的无用之君明熹宗。

历史弄人，有时就是这么残酷。

朱由校死了，却把一个实实在在的烂摊子留给了他的弟弟朱由检。要说这哥俩儿也算命苦，他们的父亲留下了七个儿子，活到现在的就只有他们两个。哥哥朱由校，废物一个，而弟弟朱由检，却只能接过被哥哥折腾得差不多的江山，设法维持。

就在皇帝驾崩，并且传出旨意来传位于信王朱由检后，魏忠贤明白事态不会按照自己期望的方向发展了，但他并没有放弃。哥哥死了，把弟弟也拉过来变成傀儡不就行了。于是，魏忠贤马上派心腹去迎接信王朱由检进宫，举行登基仪式。

朱由检这个人，在他登基之前，似乎根本就没有什么名声，挂着一个王爷的头衔，却一点儿也不引人注目。并且，他似乎给人留下的印象是和他哥哥一样傻乎乎的，没有什么头脑，很少参与朝政，哪边都不倒向。对于朝中发生的事情，一概不关心，连看热闹都没兴趣。而魏忠贤之所以没有千方百计阻止信王即位，也是因为朱由检这个深入人心的形象，和他一直以来对自己的态度。

天启七年（1627年）八月二十四日，朱由检接受群臣朝拜，正式登基。

登基前，皇后张嫣走到他面前，向他低声耳语："勿食宫中食。"魏忠贤的用心，一般人猜不透，皇位之争，看上去他败了，但他绝不会就此善罢甘休，虽然弑君的行为他干不出来，但谁也保不准他会在朱由检的膳食中下点儿什么慢性毒药之类的，吃不死你，也得让你丧失一些能力，彻底为他所用。张嫣担心朱由检着了魏忠贤的道，因此在他登基的大好日子，实实在在地兜头浇了他一盆凉水。

好在朱由检没有被当皇帝的喜悦冲昏头脑，他听从了张嫣的劝诫，史书记载，朱由检一直到即位，"犹从戚畹家取楱食进"（《胜朝彤史拾遗记》），还是自家的东西吃着放心。

而朱由检也记住了张嫣的好，这个女人，无论她出于什么目的帮助自己，不可否认的是，从自己接受遗诏，到登基，张嫣确实帮了他很多。朱由检是个懂得知恩图报的人，他一直对张嫣尊敬有加，还照顾到了张嫣的家人。

在朱由检登基之前，有一项大事必须经过他的决定，那就是确立年号。经过多番筛选，最后，朱由检确定"崇祯"为自己的年号，从此，信王朱由检消失了，留在世上的只有崇祯皇帝朱由检，明朝的最后一位皇帝。

大明朝再次更换了主人，但有一个人并没有跟随先帝离去，那就是魏忠贤。

在魏忠贤看来，虽然朱由检给人的印象是那么不起眼，但对于一个宦海浮沉经年的老手来说，他不会不知道，越是不叫的狗，咬起人来越狠。他必须时刻提防朱由检，并想方设法弄清他心里真正的想法，最好能够找到这个人的弱点，投其所好或者抓住把柄，把这个新皇帝牢牢控制在自己手里。只有这样，才能使自己避免受到政局震荡的波及。

不过，魏忠贤忘了很重要的一点，那就是，正因为朱由检一直以来太低调了，都快低到尘土里去了，所以他到底有什么优势，又有什么弱点，没有人知道。所有人都认为这样的人，他的弱点和优点是没有必要了解的，因为他根本不会构成威胁，这样的人，不值得动脑子去算计。但最可怕的正在于此，你不动脑子，不代表别人也停止思考。被人遗忘弱点，往往说明这个人把自己隐藏得极深，他既不露出才华，也不外泄缺陷，在人看来，最平庸不过了。但越是这样的人，越明白中庸的奥妙，他不留任何把柄于任何人之手，让你无论是奉承还是打击，都无处下手。就好像一个球，从哪个方向看它都是圆的，但你想把它踩在脚下，结果往往是自己反倒摔了一跤。

所以说，从这一点看来，崇祯并不是一个糊涂人，他虽然低调，但并不低能。

虽然崇祯很不幸地当了亡国之君，但从他登基之前的作为到他掌权之后的行动，都说明，这是一个不同于明熹宗朱由校的人。他比他的哥哥要聪明许多，也沉稳许多。无论面对何种情况，即使是在魏忠贤这样权倾朝野的人面前，他也能够保护自己，不给敌人留一丝机会。虽然他知道，自己哥哥的下场一大部分是拜这个太监所赐，但除了同情，剩下的是深深的鄙夷，一个皇帝，被人架空至此，实在令人汗颜。

而朱由检不同，在得到熹宗召见之前，他其实一直明白朝野中发生的所有事，但他既不参与，也不发表议论。他知道此时阉党势力根深蒂固，那么多东林党人前赴后继的牺牲就是明证。他一个王爷，又能有多大作为？于是，他选择保护自己，让自己坚持到能够与魏忠贤相抗衡的那天。

或许，从一开始，朱由检可能就知道自己有一天会继承皇位，哥哥没有子嗣，自己就会成为继承人之一。只不过，他没有想到，这一天会来得这么早。

既然已经被推到幕前，有些责任，是必须履行的。但在这之前，他要做的，依旧是按兵不动，因为自己面对的，是一个党派，是一个控制了整个朝廷，甚至整个国家的党派，想要除掉他们，谈何容易。

而此时的魏忠贤似乎也有些心神不宁，他隐约感觉到，要变天了。因此，他急切地想知道，现在坐在龙椅上的这个人，究竟是一条狗，还是一条伪装的狼。

崇祯的不眠夜

此刻的崇祯帝正独自坐在空旷的大殿中,警惕地看着四周的一切。这是他入宫以来的第一夜,他已经是名正言顺的皇上了,是这万里江山的主人。红烛高照,龙袍加身,按道理说应该兴奋得血液沸腾,可是为什么觉得这么冷呢?自己不是已经是这座宫殿里最尊贵的人了吗,怎么会一点儿底气都没有?难道是长久以来的隐忍,已经把自己的锐气都磨没了吗?还是说,是因为那个人,和他所留下的强大的阴影?

魏忠贤,他的计划没有实现,本来可以控制一个没有任何还手之力的幼童,可现在,朱由检的存在让他的愿望泡汤,他会善罢甘休吗?朱由检不禁心中一凛,谁也猜测不出这个老奸巨猾的太监会对人使出什么手段,想想当年不可侵犯的东林党人,还不是被他连根拔起,血淋淋的一幕现在想来还会令人胆寒。魏忠贤没有道德,也没有底线,谁能保证他不会对新君下手?想到这些,朱由检觉得,夜色更加浓重,而空气中弥漫着阵阵杀机。

但朱由检和他的哥哥最大的不同，就是他不会坐以待毙，没有人能够蒙骗过他，虽然身处一个陌生的环境，但现在，他已经不是信王了，而是皇帝，皇帝和别人最大的不同就是，即使你再无能，你的命令还是会有人听的。所以，朱由检决定采取行动。

但这个时候，所有的大臣都不能入宫觐见皇上，想要找个人商量一下都不行，那就只能靠自己了。"王秉烛独坐，久之，见一阉携剑过，取视之，留置几上，许给以赏。"（《明史纪事本末》）朱由检点着蜡烛，独自坐了很久。这时候，一个太监从他身边走过，朱由检叫住了他，还没说话，他就直接拿下了这个太监腰上的佩剑，拿在手上自己看了看，奇怪的是他什么也没说，而是把剑直接放在桌子上，然后就赏了这个太监。

这个太监领了赏，很是高兴，可更多的是诧异，自己不过是路过而已，无端端地就受了赏，这个皇帝，脑子不是有毛病吧？

事情还没完，接着，朱由检又做了一系列让人匪夷所思的事情。"闻巡逻声，劳苦之。问左右，欲给以酒食，安从取乎？侍者以宜问之光禄寺。传令旨取给之，欢声如雷。"（《明史纪事本末》）朱由检听到外面的巡逻声，然后说这些侍卫真是辛苦啊，我想要赏给他们一些食物，从哪儿可以取得食物呢？结果身边的侍者把皇帝赏的酒食拿给这些侍卫，侍卫们很是感动啊。这新皇帝真是不错，知道我们辛苦，还慰劳我们。

其实，这个朱由检真的是用这样的手段来拉拢人心吗？也许是有这样的原因在，但绝不是他的初衷。魏忠贤势力遍布宫廷，而且极其深厚。如果身边的这些人真的是他派来监视或者加害自己的，那一顿酒饭怎么会轻易地让他们弃暗投明？其实，朱由检最大的目的只有一个，那就是让这些人不只是冷冰冰地站在那儿，要让他们动起来，让他们的声音和脚步令这个大殿热闹一些，让这里不至于那么冷清，那么恐怖。说到底，皇帝害怕了，要有人来给他壮胆。

好在，他的目的达到了，这些太监似乎没有什么意图，看到皇帝赏赐自己，还摆酒席招待大家，就剩下高兴了。这个皇帝看上去和善、温柔，比那个只会做木匠活儿的先帝好伺候多了。看来，想要监视这么一个人，不用费太多功夫，到魏公公那里也容易交差了。

虽然朱由检确实害怕，但这是一个人的正常反应。想想看，他朱由检刚来没多久，人生地不熟的，什么势力都没有培植起来，连吃个饭都疑神疑鬼，不得安生。而魏忠贤呢，可以说，皇宫就是他的天下，他要风得风，要雨得雨，万一把自己弄死了，到时候昭告天下说自己暴病而亡，谁敢有异议？不过，害怕不代表朱由检会妥协，作为一个曾经的王爷、一个现在的天子，与生俱来的优越感和贵族气让他不可能轻易地低头，这世上他是最尊贵的人，任何想要凌驾于他之上的人，都只有一个下场，那就是死。魏忠贤算什么东西，一个太监，一个残害忠良的败类，一个祸害后宫、把持朝政的小人，这样的人，存活于世只是侥幸，而现在，必须让他付出代价。

但朱由检也明白，此时的自己势单力薄，想要和魏忠贤抗衡还要假以时日。这段时间里，他只能示弱，只能示好。虽然这样的招数可能瞒不过魏忠贤这只老狐狸，但他只有这一个办法，既然拼不过实力,那就拼时间,早晚有一天,他魏忠贤会放下戒心,完全松懈,到那时,就是自己反击的日子。在这之前,朱由检只能忍,看这条狗怎样乱咬人。但总有一天,会让他付出代价。

初入宫的几个晚上,朱由检都是在这样的恐惧和愤恨的煎熬中度过的。而也正是这几个晚上,让朱由检有了足够的思考时间,他完全明白了自己的处境,也明白了应该采取什么样的方法来对付魏忠贤。

至于魏忠贤那边,他应该能从皇帝身边的随从那里知道皇帝的一举一动,只不过,在他看来,这个皇帝太胆小了,居然连着几夜都让一大帮人在身边陪着,这种人,有什么魄力执掌江山?对于江山来说,这似乎是一个悲哀,但对他魏忠贤来说,这实在是一个大好的消息。胆怯、软弱,这都是一个傀儡皇帝应该具有的良好品质,看起来,这个朱由检没有他哥哥那么昏聩,但这是一个懂得害怕的人,那就够了,只要让他知道,在这个宫里,只有一个真正的主人,那就是魏忠贤。听他魏忠贤的话,他就能安心当他的皇帝,享他的富贵,可要是不听,那结果就说不好了。人聪明一点儿也不是不好,聪明人懂得识时务。

就这样,朱由检和魏忠贤拉开了战幕。不过,这第一回合,似乎是魏忠贤占尽了上风。看上去软弱可欺的皇帝,应该会和先帝一样,被牢牢掌控在阉党手里。这朝政,看来是没有清明的那天了。

虽然给新皇帝造成了心理上的恐惧,但魏忠贤并没有就此放下心来。因为他觉得,这个皇帝虽然害怕,但是从来没有过惊慌失措的样子,对于自己的恐惧,他也能想到办法来解决。这个人,似乎不那么简单，应该想个法子来试探他一下。

于是，没过多久，魏忠贤就提出要告老还乡，说先帝已经走了，自己年事已高，还留在宫里也没什么用处了。可是没想到，崇祯并没有批准。按道理说，这个时候，如果准了魏忠贤的请求，那就真的是不费吹灰之力就除掉了一大隐患。可是事实上，崇祯明白，这是魏忠贤的计谋，是他在试探自己。如果准了，保不准这个老头会干出点儿什么出格的事来，阉党的势力盘根错节，就算免了一个魏忠贤又能怎样。过早地暴露意图只会招来祸端。所以，崇祯坚决地拒绝了魏忠贤的辞职请求。

为了稳住魏忠贤，崇祯还做了一系列的努力。他告诉魏忠贤，是先帝要求自己必须倚重魏公公，自己初来乍到，还需要像魏公公这样的老臣辅佐自己。并且，当魏忠贤请示停止修建自己的生祠时，皇帝的反应很是让他满意，"上优答之，其前赐额如故，余俱罢止"。这意思就是，新的就不必修了，但是已经开工的还是修完吧。给人修生祠，这个人一般要么有盖世的功勋，要么有值得万人敬仰的高尚情操。他魏忠贤有什么，所谓生祠不过是走狗的溜须拍马而已。但是崇祯不但没有追究，反而说可以继续修建，看来这个皇帝并不想和自己作对。

魏忠贤是对的，这个时候的朱由检确实不想和他作对，但他不知道，此时的顺从和倚重，不过是假象。崇祯一边在麻痹这条狐狸，一边在等待机会，等待着能将阉党一举铲除的机会。好在，他没有等太久。

干掉这个太监

皇帝这个位置之所以天下有那么多的人趋之若鹜，就是因为就算你是个废物，只要你坐在了这个宝座上，就能随心所欲地发号施令。当然了，圣明之君是不会由着自己的性子胡来的。但这个无上的权力实在是太诱人了，所以，有的人宁愿背上弑君篡位的千古骂名，也要过一把皇帝的瘾。不过有的人就聪明多了，找一个废物来当皇帝，自己在幕后操纵一切，享受着皇帝的所有待遇。魏忠贤就是这么做的，当初的天启皇帝朱由校，现在的崇祯皇帝朱由检，看起来，这哥俩儿一前一后成了魏忠贤的木偶。可惜，这一次，魏忠贤看走了眼，而这次失误，彻底要了他的命。

看着魏忠贤鱼肉百姓，祸乱朝政，一个阉人居然能把一个帝国玩得团团转，崇祯皇帝隐忍了很久的怒气终于要爆发了。刚开始，无论是魏忠贤提出辞职，还是关于修建生祠的问题，崇祯都很小心地避开了矛头，让魏忠贤暂且放下心来。但是，一个人的辞职，引起了魏忠贤不小的疑惑。

就在魏忠贤提出辞职后不久，他的对食对象客氏也上交了辞呈，没想到，这一次皇帝居然批了。魏忠贤十分惊慌，不让自己走，却让自己的相好走了，这是什么意思？皇帝也很委屈，客氏在宫里的位置是先皇的奶妈，先皇都不在了，他崇祯也这么大了，自然是不需要奶妈了，所以她要走，他怎么好阻拦？

这个理由滴水不漏，魏忠贤也不好说什么，但他隐约觉得，皇帝是不是要开始动手了？不能着急，再看看，一定要等到确信无疑时再开始回击。

这个时候，一道奏折摆在了崇祯面前，国子监的负责人朱之俊弹劾学生陆万龄，这个陆万龄，居然提出要在国子监里给魏忠贤立生祠。弹劾他一点儿都不过分，皇帝见到这封奏折，立马就批了，定罪，下狱。

魏忠贤慌了，虽然陆万龄不是什么重要人物，但法办他是不是预示了什么？还没等魏忠贤反应过来，皇帝的一系列举措让他更加晕头转向了。

皇帝先是给太师宁国公魏良卿、少师安平伯魏鹏翼颁发了丹书铁券，丹书铁券就是免死金牌，有了这个铁券家伙，无论你犯了多大的罪都能免死，比什么都管用。但是，明朝的丹书铁券有个规定，那就是，什么罪都能免，只有一条罪是不能免的，那就是谋反。

拿到了丹书铁券的阉党还没来得及高兴，皇帝又下令遍赏群臣，这个所谓的群臣，其实就是阉党，把魏忠贤、王体乾、徐应元、崔呈秀这些人赏了个遍。

没过几天，御史杨维垣上疏弹劾兵部尚书崔呈秀，理由是不守制。所谓守制，其实就是说家里的父母去世，没有依照规矩回乡丁忧。这个罪名实在有点儿牵强，但崔呈秀也不傻，马上上奏折，请求回乡丁忧，结果皇帝不许。

到了这个时候，魏忠贤算是彻底放心了，看起来皇帝并不想真正对付自己，只不过是用些手段提示一下而已，只要自己不太猖狂，稍微顺着皇帝一些，好日子还是可以继续过下去的。皇帝确实不想让魏忠贤太过猖狂，但皇帝的真实想法是，只有死人才不会猖狂。魏忠贤，甜头吃够了，那你就去死吧。

终于有一天，一个人的奏折，吹响了真正的号角。

工部主事陆澄源上言四事，陆澄源弹劾的内容，明眼人早就看出来了。魏忠贤虽然有功，但那也是伺候先帝的功劳，论功行赏，也有祖宗的法制在，可他现在居然位极人臣，这到底是什么道理？

这根本就没有道理，所以崇祯打算讲讲这个道理。

接下来，兵部主事钱元悫也上疏奏事，把魏忠贤和阉党的罪行又统统数了一遍。他比陆澄源还厉害，把魏忠贤和历史上的叛国谋逆的王莽、董卓相提并论，并声色俱厉地质问：魏忠贤，你到底想干什么？

这些人的奏折，一封比一封厉害，给魏忠贤扣上了一顶不小的帽子，而这顶帽子，叫作谋逆。说起玩心眼儿，魏公公可是比不过这些读书人的。

崇祯一看，火候到了，可以动手了。

听说这些奏折皇帝都看了，魏忠贤害怕了，他决定采取行动，而他的行动，就是哭。

"忠贤不胜愤，哭诉于上"（《明朝纪事本末》），本来想用眼泪博得皇帝的同情，可皇帝并没有如他所想被感动，而是冷冷地看着他，并且叫来一个人，让他把一个名叫钱嘉征的人写的奏折读给魏忠贤听，这封奏折里没写别的，就写了魏忠贤的十大罪，魏忠贤听了，"震恐丧魄"，连胆都吓没了。

魏忠贤终于明白，皇帝并不想和他共享权力，他要的是全部，是为君者应该得到的尊严和荣耀，很明显，魏忠贤存在一天，皇帝就憋屈一天。

史书记载："太监魏忠贤有罪免，宁国公魏良卿改锦衣卫指挥使，东安侯魏良栋改指挥同知，安平伯魏鹏翼改指挥佥事。十一月甲子，安置魏忠贤于凤阳，籍其家。"魏忠贤看到大势已去，就连忙找人帮忙，他找到了当时皇上身边的太监徐应元，表示自己只想留条后路，徐应元答应了，并且在皇帝面前也替魏忠贤说了好话，可没想到，这一下，魏忠贤死得更惨。

皇帝没想到，自己身边的人居然会替魏忠贤说话，那好吧，看来让魏忠贤去守陵是不够的，一定要永绝后患。至于这个徐应元，既然你和魏忠贤要好，那你也去守陵吧。

要说魏忠贤没什么脑子，都已经倒霉了，还不消停点儿，居然浩浩荡荡地开着大队前往南京。皇帝看了，心里很是别扭，于是马上下旨兵部："逆恶魏忠贤，擅窃国柄，诬陷忠良，罪当死。姑从轻降发凤阳，不思自惩，素蓄亡命之徒，环拥随护，势若叛然。令锦衣卫擒赴，治其罪。"意思是：本来我都想从轻发落了，没想到你这么没心没肺，居然还摆出一副能和我抗衡的姿态来，那好吧，就成全了你。

就在锦衣卫日夜兼程追赶魏忠贤的时候，魏忠贤也得到了皇帝欲除掉自己的消息。大势已去，任你有通天的本领也难力挽狂澜。自己这次看来是躲不过去了，既然如此，还不如来个痛快的。

天启七年（1627年）十一月六日，魏忠贤自缢而死。

从一个市井无赖，一步一步到达了至尊荣耀的地位，魏忠贤的一生，可以说是异彩纷呈。他受过常人无法忍受的痛苦，舍弃了普通人最平常的幸福，却也享受过有些人一辈子也享受不到的待遇。他可以呼风唤雨，他可以生杀予夺，除了繁衍后代，他几乎无所不能。可就是这么一个无所不能的人，依然落得个悲惨的下场。

天理昭彰，有罪之人必定会受到惩罚。这是人世间最简单的道理，只可惜，作恶的人永远不懂，他们以为自己可以逆天而行，只不过，正道一定会被践行，只是时间问题。

一代巨奸魏忠贤死后，崇祯皇帝立刻开始了铲除阉党的行动。虽然朱由检年纪不大，可政治手段堪称老辣。一番快刀斩乱麻，朝野上下为之清明，阉党集团可说得上荡然无存。而后，皇帝又下令恢复那些在与阉党的斗争中失去生命的东林党人的名誉，并封赏了所有做出贡献的斗士，无论他们活着，还是死去。

第七章
孙承宗：这个大学士太牛啦

生在战火中,长在铁蹄下

明朝的大将有的是,早期有徐达、常遇春,末期有袁崇焕。而其中一个近乎神话的存在,就是孙承宗。孙承宗这个人,早年的成长经历比较奇特。他的出生地在今天的河北省高阳,这个地方,虽然离京城不远,但是明朝的京城,也就是现在的北京,充分贯彻了明成祖朱棣的"天子戍边"思想,所以,虽然是在皇城边上,但也离前线不远。

生活在前线是件恐怖和痛苦的事,不知道什么时候敌人就打过来了。老百姓的日子本来就不好过,生在前线只能说是更加悲惨。可孙承宗偏偏和别人不一样,别的小孩离边界能有多远就有多远,他偏不,非要凑上去看看,并且兴趣盎然。

不过,童年时期的孙承宗看上去就是比同龄孩子胆子大了一些,其他的也没什么不同,依旧走的是一条读书、娶妻、考科举的道路。在他十六岁的时候,参加科试,得了第一名,同年娶了一个姓王的姑娘为妻。而后,光荣消失,孙承宗顶着个秀才的头衔,安静地过了十年。

二十八岁的孙承宗第一次来到京城，当然，他来这并不是为了参加什么科举考试，而是来工作的，给一个官员的孩子当家庭教师。至于为什么天资聪颖的孙承宗没有在成为秀才后继续考试，史书上没有答案，不过，估计是没好好读书，浪费了几年光阴。

不过应该肯定的是，他这个老师当得不错，不然，也不会有人把他专门叫进京城来教书。毕竟京城是个人才济济的地方，想找个老师还不容易？找孙承宗来，说明他有这个本事。

在京城教了一年，孙承宗不安分，又来到易州，给当时的兵备道房守士当家庭教师，而这次他的雇主的身份，直接导致了孙承宗以后人生的走向。

没过多久，孙承宗发现，光是教别人读书，自己这么多年来也没有潜心学问，似乎应该充充电了。于是，在三十一岁的时候，他进入国子监读书，一年后，顺利考取了举人。考取举人后，他竟然又回到雇主家里继续教书，唯一不同的，就是以后人们见到这个教书先生，不再叫他"孙秀才"，而是尊称一声"孙举人"，仅此而已。

如果孙承宗一生就仅限于此，不热衷功名，不向往富贵，就是老老实实地诲人不倦，那么，明朝的寿命，可能就会短上那么一大截。好在，明朝暂时命不该绝，因此，孙承宗的生活也就不能这么安逸下去了。

万历二十七年（1599年），兵备道房守士被调往山西大同，就任大同巡抚，已经三十七岁的孙承宗带着妻子跟随雇主一起就任。看来，孙承宗在教书育人方面确实有一套，以至于这个雇主走到哪儿都得带着这位先生。

但就是在大同，孙承宗第一次见识到了真正的战场，和过去那种手无寸铁，只能任由异族侵袭的日子不同。这一次，他见到了将领是如何指挥军队，如何上阵杀敌的。

在战场上，没有眼泪，没有后悔，有的只有流血和牺牲。满眼的杀戮，充耳的吼声，都让这个读书人感受到了彻骨的寒冷，而后被激起一腔的热血。

曾经苦读的兵书，现在看来似乎并不是万能的，曾经神侃的战法，在战场上可能经受不住一秒的考验。孙承宗终于明白，只有亲自来到这片充满了血腥和暴力的土地，才有可能真正领会到战争的真谛。双手只有沾染上鲜血，才会拥有握起武器、砍杀敌人的力量。这都是真正的战场教给孙承宗的，而孙承宗，很明显，是一个非常优秀的学生。

不过，孙承宗的雇主，那个大同巡抚就没有他的教书先生这么兴奋了，因为他遇到了一个将领最不想遇到的情况，那就是哗变。

不知道什么原因，可能是跟军饷有关，古时的人当兵，抱着为国尽忠目的来的人比较罕见，大部分人还是迫于生计，到军队讨碗饭吃。所以，一旦没有饭吃，这些当兵的就很容易利用手里的武器哗变。当巡抚手下的兵举着刀剑，将他团团围住时，这个曾经的兵备道也没辙了。这个时候，一向沉静的教书匠孙承宗站了出来，替他解决了这场兵变。

具体是怎么解决的，无从了解，但通过这次事件可以看出，孙承宗早已具备了临危不惧以及当机立断的魄力，而对于一个用兵者而言，这两点是很重要的品质。所以说，应该感谢那个兵备道，是他给了孙承宗实地考察和亲身实践的机会，从而成就了孙承宗超群的能力。

可能是战场给了孙承宗新的动力，他决定，不再流连于这份安逸的生活，于是，他重新踏上了科举的道路，不过这一次，孙承宗认真了，并且一下就看到了结果，很好的结果。

万历三十二年（1604年）二月，四十二岁的孙承宗赴北京参加会试，成绩是第一百一十五名。在随即举行的殿试上，孙先生大放异彩，一举夺得了一甲第二名，也就是我们常说的榜眼。

看来有实力的人，终究是会崭露锋芒的。

随后，孙承宗进入翰林院，成了一名翰林编修。看似飞黄腾达，实际上，在翰林院，像他这样的人有很多，要想当大官不是那么容易的。孙承宗只有等，而这一等，等了十年。

万历四十二年（1614年），已经五十二岁的孙承宗终于升官了，他被任命为詹事府右春坊右中允，不久后迁左春坊左中允。这个官虽然品级不高，但却是一个很重要的位置，因为这个官，是给皇帝讲课的。也就是说，孙承宗从此以后，就可以直接面对皇上了。

不过很可惜，他面对的这个皇上，就是那个只当了一个月就薨了的明光宗朱常洛。看起来，孙承宗的大好前程还没开始，就已经结束了。

如果事情是这样，那么孙承宗就只能算作一个会读书的人，而称不上一代名臣了。就在这短短的一个月时间里,他已经给自己找好了下一个学生,当时的太子,而后的熹宗朱由校。

光宗死后,熹宗即位,孙承宗升任左春坊左庶子兼翰林院侍讲,掌司经局管诰敕撰文,并被任命为熹宗的日讲官。据史料记载,熹宗非常喜欢这个老师,"帝每听承宗讲,辄曰'心开'"(《明史》)。也就是说,一听孙老师讲课,皇帝就觉得有所顿悟,看来,长期的教学一线的战斗经验,已经让孙承宗能够应对各式各样的学生了,就连朱由校这样只爱木匠不爱江山的呆子都能开窍,孙老师功力可见一斑。

从此,孙承宗坐稳了两代帝师的位置,而后的岁月,孙承宗将充分运用皇帝对他的信任,实现自己的抱负,好在,孙先生一生为国,并没有让皇帝的信任错给人。

一个人在发迹之前,总会有那么一段沉寂期,或是蛰伏期。在这段时间内,他可能会很平凡,甚至碌碌无为,也可能会不知道自己的目标在哪儿,自己的能力有多大。但是金子终究会发光,孙承宗用自己的亲身经历证明了这一点。他进入权力中心时,已经五十多岁了,在古代,这已算老年。但是,这个人却在别人已经安享晚年的时候,焕发出了无限的青春与活力,并且将余生的心力都奉献给了这个帝国,还有它的人民。

平步青云有道理

入夜，孙承宗坐在书桌后面，翻开手中的书，对着另外一个坐在高位上的年轻人细细地讲解。年轻人自己聆听，并不时用笔在书上做着记号，还经常停下来向孙承宗问些问题。这些问题大部分是关于如何安民，如何治国的。而孙承宗总是不慌不忙，娓娓道来，仿佛对面坐的不是这个帝国的最高统治者，而是一个再普通不过的学生。帝师，一个多少人想要得到的位置，但孙承宗明白，这个位置不会是他的终点，尽管此时，他已经是五十八岁的老人了。

在明朝，如果你想进入宦海打拼，唯一的一条道路就是参加科举考试。科举考试的弊病这里就不多说了，多少读书人被这项制度整成了范进就是明证。但考试制度的好处就在于一个公平，只要你进入学校读书，并且取得参加乡试的资格，就可以正式进入国家的科举考试系统，而考试一共分为乡试、会试和殿试三个层次。能杀出重围进入最后的殿试者，可谓凤毛麟角。孙承宗就是其中一个。

当殿试结束，还有更烦琐的工作。"状元授翰林院修撰，榜眼、探花授编修。其余进士经过考试合格者,叫翰林院庶吉士。三年后考试合格者,分别授予翰林院编修、检讨等官,其余分发各部任主事等职,或以知县优先委用,称为散馆。庶吉士出身的人升迁很快,英宗以后,朝廷形成非进士不入翰林,非翰林不入内阁的局面。"

身为庶吉士,虽然升迁很快,但也要看你分到了什么地方。如果你分到了一个县官之类的官职,虽然看上去不起眼,但如果你有政绩,会变通,升迁速度不一定就比身在京城的官慢。可万一你被分到了翰林院,虽然算是进入了权力中心,但如果想进入内阁,却要论资排辈,如果恰好当政的内阁成员年富力强,再加上翰林院人数众多,那么极有可能一辈子就只能待在翰林院,没什么发展的机会了。

所以说,想要升官,光有过硬的本领还不行,有的时候,得靠那么一点点运气和关系。

孙承宗虽然是个读书人,但绝不是个书呆子,官场里的这些东西他明白得很。虽然不至于为了求官出卖尊严和立场,但基本的能力,如搞好人际关系,懂得如何处理突发事件,这是一个为官者应该具备的。

而这两点能力,孙承宗绝对具备。

万历四十三年(1615年),已经升任左春坊左中允的孙承宗遇到了一个问题,而这个问题的解决,也成全了他在朝中的口碑。

这一年的五月,一个不知道从哪来的人手持木棍,居然闯入了太子的寝宫,差点儿就伤到了朱常洛。被抓后,这个人装疯卖傻，什么也问不出，后来，一个主事私下里套他的话，才知道这个人叫张差，是一个太监把他引到太子宫门前的。消息传出后，大臣们纷纷猜测，是郑贵妃和他的哥哥郑国泰计划借此来除掉太子的。而后，张差交代，是太监庞保、刘成两人给他带的路，而这两个太监，是郑贵妃的手下。

事已至此，还查不查？如果继续查，那么势必会查到贵妃身上。这个时候，大学士吴道南向孙承宗询问下一步的办法，而此时，孙承宗显示出了老练的政治手段。孙承宗对吴道南说："事关东宫，不可不问；事连贵妃，不可深问。庞保、刘成而下，不可不问也；庞保、刘成而上，不可深问也。"（《明史》）这件事，不问是肯定不行的，储君被袭，这是动摇国本的大事，如果不问，就丧失了做臣子的本分；可这件事又关系到贵妃，后宫禁地，外臣难入其内，有些事不能彻查，而且，无论是太子还是贵妃，都是皇帝的家人，这家务事，外人怎么好揪住不放？因此，要追究，就只能追究那两个太监下面的人，至于太监上面的人，就不要深究了。

吴道南按照孙承宗的话，向皇上回复了此事，这才让事情告一段落。

虽然孙承宗并没有在皇帝面前直接表现出过人的才能，但是，这一次的考验，会给不少人留下深刻的印象。从此，孙承宗有能力，一定会成为众人的共识，而这，也将成为他日后得以升迁的群众基础。

万历四十八年（1620年）七月，万历皇帝驾崩，孙承宗奉命拟写遗诏，太子朱常洛终于结束了多灾多难的储君生涯，成为新一任的皇帝。

这个时候，孙承宗已经是左春坊左庶子兼翰林院侍讲，他日日陪伴皇帝读书，给皇帝讲课，按道理说，在所有的人当中，皇帝是最大的后台，如果能找到皇帝当靠山，那么就差不多所向无敌了。这个道理孙承宗懂，只可惜他的这个后台只在位短短的一个月，就一命呜呼了。

不过没关系，孙承宗很快就找到了另外一个靠山，继位的皇帝朱由校。他给这个孩子当了整整七年的老师，和他建立了情同父子的深厚情谊。这份情谊，不仅在很多时候保住了孙承宗，而且在一定意义上，也保住了大明朝。

找皇帝当靠山，不止孙承宗一个人想到，魏忠贤也想到了。所以当时就出现了一个很奇怪的现象：孙承宗是大大的忠臣，皇帝宠信他；而魏忠贤是大大的奸臣，皇帝也宠信他。其实，道理很简单，这个皇帝，除了木匠活儿，什么都不会做，也什么都不懂，他只知道，谁对他好，他就要回报谁。魏忠贤陪他玩，变着花样让他开心，所以他要对魏忠贤好。孙承宗关心他，给他讲历史，像父亲一样呵护他，所以他敬重孙先生，离不开孙先生。

不过，不管皇帝对自己的感情如何，孙承宗有了皇帝这个靠山，可以做些事情了。

当时，熹宗非常喜欢孙先生讲的课，每次都觉得有新的领悟。但好像，历史不想让孙先生只是成为他的日讲官，它需要让孙承宗去别的地方发挥才干。

当时，后金已经攻陷了辽阳、沈阳，举国上下人心惶惶，时任经略的袁应泰自杀。"御史方震孺请罢兵部尚书崔景荣,以承宗代。廷臣亦皆以承宗知兵,遂推为兵部添设侍郎,主东事。"(《明史》)大臣们都建议皇帝派孙承宗去主持辽东战事,为什么,因为大家都知道,这个人懂带兵打仗之道,并且极有临危决断的能力。这样的人才,怎么能不放在最重要的位置上呢?

这时的孙承宗,已经从原先的翰林院侍讲升职为经筵讲官、两朝实录副总裁,再升少詹事兼翰林院侍读学士,从成为中允那天起,到成为侍读学士,孙承宗仅仅用了七年时间,特别是在成为帝师后的三年中,升迁速度更是惊人,不得不说,有了一个赏识自己的皇帝坐镇,孙承宗想不升官都难。

不过,似乎孙先生的课讲得实在是太好了,皇帝舍不得孙承宗离开自己,竟然不顾国事,执意将孙承宗留在朝廷。大臣们一再请示,都被驳回。

一边是舍不得自己的皇帝,一边是看重自己才能、倾力相助的同僚,孙承宗此时觉得,这实在是一个让人觉得欣慰的烦恼。

皇帝似乎怕留不住孙承宗,就连忙又给他升官,这一次给的官职是礼部右侍郎,协理詹事府。

但是没过多久,皇帝发现,局势已经发展到不能由着自己性子来的地步了。

当时,后金的军队逼近广宁,王化贞弃城逃跑,熊廷弼也放弃了关外大片国土,退回关内。而后,竟然再没有人愿意出关主持战事。兵部尚书张鹤鸣竟然因为害怕,辞职回家了。没办法,皇帝只能任命孙承宗为兵部尚书兼东阁大学士,主持政事。而孙承宗仅仅在职三个月，朝风就为之一振。

孙承宗终于到达了最高的位置，进入了真正的权力中枢。虽然之前他升官也不慢，但毕竟只是在翰林院里折腾，升来升去也就是换个头衔，工作却一点儿没变，就是给皇帝讲课。可现在，孙承宗从一个翰林院的讲官，成了主管朝政的内阁大学士，可以说，这个升官的速度快得惊人。

而坐上了东阁大学士兼兵部尚书的位置后，孙承宗做了他该做的，他给皇帝提出建议："迩年兵多不练，饷多不核。以将用兵，而以文官招练；以将临阵，而以文官指发；以武略备边，而日增置文官于幕；以边任经、抚，而日问战守于朝；此极弊也。"(《明史》)这意思就是，朝廷这些年来疏于练兵，而军饷的发放经常没有进行严格的核对，这就造成了将领吃空饷的情况。而武将作战，却要听从文官的安排，用文官牵制武官，容易造成战斗力减弱和战略计划制订错误。可见，孙承宗在当老师的岁月中，并没有忘记关心战事，在他的心里，始终有着金戈铁马、冲锋陷阵的激情。这个人，势必是属于战场的。

官升到现在，孙承宗觉得差不多了，他要去前线，去真正需要他的地方。只有在那里，他才能实现他多年以来的愿望，为国杀敌。

找到了一块金子

朱由校停下手里的木匠活儿，翻了翻叶向高的奏折，发现叶学士没有说什么，只是转来了一封信。

这封信的内容很简单，主要是反映当时的兵部尚书、辽东经略王在晋的克敌方略存在严重错误。朱由校糊涂了，王在晋在辽东干得好好的，还上疏请求朝廷拨款修建新城，建在山海关外，用以抵御后金的攻势，这不是挺好的计划嘛，怎么就大错特错了？朱由校除了对木工这点儿东西了于指掌外，其他一窍不通，而叶向高呢，玩政治他在行，可一谈到军事，也是无计可施。这可怎么办？

好在，朱由校虽然懂得少，却并不糊涂，他拿着这封奏折去找了一个人，而这个人呢，将给他最终的解答。这个人，就是他的老师孙承宗。找孙承宗是明智的，只不过，皇帝也没想到，孙承宗看过奏折后，沉默了半天，最后撂下一句话：我还是亲自去看看再说吧。

皇帝很高兴，在他心目当中，老师是个无所不能的人，这件事有老师在，一定能够得到妥善的解决。这一次，皇帝是对的。皇帝加封孙承宗为太子太保，并赐蟒玉和大量的钱币，于是，孙先生浩浩荡荡地出发了。

到了关外，孙承宗见到了王在晋，发现这位仁兄还在夜以继日地修建所谓的新城。孙承宗把他叫到跟前，先问了他几个问题。"新城成，即移旧城四万人以守乎？"（你修了新城，是要把山海关的四万人调过来守卫吗？）王在晋回答："否，当更设兵。"当然不是了，我要再筹措四万军队来。王在晋本来以为朝廷派人下来是要治自己的罪的，虽然他也不知道自己错在哪儿，不过看这位孙大人，好像挺和气，上来只是问问守备军的情况，应该不会有什么问题吧。

看来王在晋不只在军事上没什么本事，就连看人也糊涂。孙承宗是谁？帝师。教导皇帝是多有风险的一项工作，一旦失言，就有可能命丧黄泉，所以，孙先生在语言逻辑和把握交谈气氛上，很有一套。而现在，他把这一套用在了王在晋身上。

接下来，孙承宗又问："如此，则八里内守兵八万矣。一片石西北不当设兵乎？且筑关在八里内，新城背即旧城趾，旧城之品坑地雷为敌人设，抑为新兵设乎？新城可守，安用旧城？如不可守，则四万新兵倒戈旧城下，将开关延入乎，抑闭关以委敌乎？"意思是：这么一来，八里地竟然有八万守兵，新城背对旧城，旧城前面为了御敌所设下的所有机关，难道是为了对付我们自己人的吗？如果新城守得住，还要旧城何用？如果新城守不住，到时候四万士兵逃回旧城，你是打算开城门让他们进来，还是打算紧闭城门，看着四万人死于敌手?

这一连串的问题像连珠炮一样,射向王在晋。估计这位尚书大人也被问傻了,居然回答:"关外有三道关可入也。"他们可以从关外的三道关入关啊,不一定非要开城门的。

孙承宗快气死了,怎么找了这么一个人来主持局势?他对王在晋说:"若此,则敌至而兵逃如故也,安用重关?"像你说的,如果是这样,那么敌人来了,士兵们一样会逃跑,何必要修建双重关卡呢?

结果,王在晋说出了这次谈话中最没有水准的一句:"将建三寨于山,以待溃卒。"他会在山上建立三个寨子,用来安置溃军。这一说不要紧,孙承宗终于发怒了:"兵未溃而筑寨以待之,是教之溃也。且溃兵可入,敌亦可尾之入。今不为恢复计,画关而守,将尽撤藩篱,日哄堂奥,畿东其有宁宇乎?"还没打仗,你就说我们会打败仗,如果溃军能够进入寨子,你以为敌军不会跟着来吗?现在这个时候,你不计划如何恢复国土,反而画地为牢,拥关自守,以后,关外还能有安宁之日吗?

估计孙大人太气愤了,觉得这么个人留在身边也没用,于是回京后,只因一道奏折就把王在晋发配去了南京,并且,孙承宗主动请缨,要到辽东督师,在八里铺建新城的计划自然就不了了之了。

临行前,熹宗皇帝亲自送行,并赐尚方宝剑一把,授便宜行事之权。孙承宗终于要在战场上铸就他的光辉伟业了。

虽然荣耀加身,但孙承宗明白,此时的自己年事已高,尽管拥有敏锐的嗅觉、精准的判断力,但岁月不饶人,他不可能事必躬亲。于是，他决定找一个人，把自己毕生所学及心得都传授给他，让这个人代替自己去完成收复国土的使命。

而这个人，孙承宗早就找好了，就是那个官职卑小，但勇于上疏批判王在晋错误路线的人，袁崇焕。

这个人，早就表现出了他的不同凡响。当初，孙承宗组织军事会议，向在座的将领询问下一步的计划，袁崇焕当时就提出来，应该把守卫的重点放在宁远城上。事实证明，这是一个非常英明的建议，因为孙承宗在实地考察后发现，宁远处于敌人后方，守卫起来困难重重，但地理位置特殊，它三面环山，而剩下的一面，是海。

孙承宗发现这是一个很有利的条件，只要让士兵们守住城门，到时候，各种资源均能从海上直接运到城下，努尔哈赤虽然很厉害，但他耗不起，而且最重要的是，他没有水军。因此，孙承宗肯定了袁崇焕的建议，他发现，这个年轻人实在是有勇有谋。所以，孙承宗就把建设城墙的任务交给了这个年轻人，也把殷切的希望一起给了他。

从此，袁崇焕除了修城，几乎成了孙承宗的跟班，无论是干什么，孙承宗总要带上袁崇焕，让他在实践中学习自己的所有。而袁崇焕一点儿也没辜负孙大人的期望，短短几年时间，他就已经成长为一个成熟的军事将领，可以独当一面。

而孙承宗此时不仅要忙着将毕生所学尽数教给袁崇焕，还要忙着拟定作战计划，训练军队。当时，关上有军队七万人，可这七万人毫无组织纪律可言，实在是没有什么战斗力，而且报空头、领空饷的不在少数。孙承宗雷厉风行，首先淘汰掉逃将数百人，并且将那些老弱病残者万余人尽数遣返，把兵都送回家了，谁来打仗？孙承宗有办法，他从收归的难民中选择了七千人作为他的前锋，这些人，家园被敌人毁了，亲人也被杀了，他们和后金才算得上仇深似海，这样的人，只要稍加训练，势必会拥有惊人的战斗力和坚定的战斗意志。

同时，孙承宗和袁崇焕发现了一个很严重的问题，那就是，后金有引以为豪的，所向披靡的骑兵，而明朝军队以步兵为主，到时候被骑兵追得到处跑，这仗还怎么打？所以，唯一的办法就是，训练出一支足以和后金抗衡的骑兵部队，在马上和敌人一决高下。

在孙承宗的授意下，袁崇焕从难民中选取了一批身强力壮、胆子也大的人，天天训练他们骑术和马上作战的本领。而这批人进步神速，只等待着上战场的那天了。

为了朱由校能够坐稳江山，为了大明朝能够不沦于敌人的铁骑之下，孙承宗慧眼识珍，从尘土中找出了埋藏的金子，收下了一个他可以为之骄傲的学生。从此，这个学生，为了他的皇帝学生，可谓呕心沥血，戎马一生。只可惜，孙承宗没想到，有一天，他所珍爱的学生，竟然会成为大明朝众人唾骂的罪人，命运弄人，不过如此。

虎将来了还怕谁

当袁崇焕站立在宁远城头上,准备迎接第二天后金大军的冲击时,他感到了前所未有的孤独。孙承宗走了,现在的上级又是个无能之辈,曾经辉煌的关宁防线已经成了明日黄花。没有人还愿意坚持,除了自己。回想起来,曾经有几个人,是孙老师尽力招致麾下的,他们并肩作战,立下过赫赫战功,而如今,一切都已不复存在。

那些人,现在在哪里?

当初,关宁防线正在建立之时,孙承宗派袁崇焕去重修宁远城。可当袁崇焕到达宁远时,发现这座城的城墙十分矮小,根本达不到自己的要求。袁崇焕记得自己好像派过一个叫祖大寿的人先来这里修城,怎么修了半天,就修成这个样子?

袁崇焕很生气,立刻派人把祖大寿叫来质问。没想到这个人还挺理直气壮,说自己思考了一下,他们不能到这么远的地方防守。袁崇焕也不解释,直接把城墙的规制甩给他:"高三丈二尺,雉高六尺，址广三丈，上二丈四尺。"(《明史》)袁崇焕告诉他，就这么修，修不好，自己拿他是问。

祖大寿一看这么雄伟的城墙规划，一下就傻了，这哪是修城，分明是在修碉堡。没办法，他只得与手下分别监工，终于在第二年将城墙修筑完毕，这一下，宁远城成为关外重镇。

袁崇焕很满意，觉得这个祖大寿虽然有点儿小脾气，但能力还是不错的，于是，将祖大寿收入手下，成为他驻守辽东的得力助手。

跟着祖大寿一起来的，还有一个人，叫吴襄，这个人可能不太出名，但提起他的儿子，那是无人不知无人不晓，他的儿子叫吴三桂。只不过，那个时候，吴三桂还不知道在哪儿抓土玩呢，他的父亲吴襄，才是这个时候真正的人才。

其实在袁崇焕到来之前，祖大寿和吴襄都是另外一个人的手下，这个人，实在是有点儿传奇，他叫毛文龙，仅为镇守一个岛的明朝总兵。

毛文龙这个人比较特别，当初辽东尽失，几乎所有人都逃向关内，只有他带着一小队人，从海上取道，乘虚袭杀了当时驻守在镇江的后金守将。这个镇江并不是今天的江苏镇江，而是辽东镇江堡。当时后金士气正盛，没人想到会在明军溃退的时候，还有人来袭击，所以一时之间，后金部队没有任何还手之力，毛文龙竟然得手了。

这件事很快被努尔哈赤知道了，他非常生气，立刻派大量军队前去镇江堡，要把这个毛文龙解决掉。

毛文龙很识时务，一看打不过，立刻带着人跑了，不过，他依旧没有跑回关内，而是来到了另外一个岛，皮岛，在这里做起了岛主。

这个皮岛的地理位置相当特殊，在茫茫大海之中，方圆不过八十里，岛上草木不生。岛的北岸八十里开外就是后金的地界，而东北方则是朝鲜。岛上的士兵大部分都是难民，毛文龙把这些人召集起来，加以训练，竟然组成了一支可以守卫的军队。

不仅如此，毛文龙还在岛上开始从事经济贸易，据史料记载，他的生意居然做到了朝鲜，不得不说，这个人，确实有点儿本事。

当然，毛文龙没有忘记自己终归是个总兵，在岛上的日子，他经常派人去骚扰一下努尔哈赤，仗着后金没有水军，打完就跑，把努尔哈赤气得干瞪眼。

这个人很有用，他也将帮助袁崇焕建立功业。

这时候，孙承宗派了一个人来找袁崇焕，这人袁崇焕认识，叫满桂，当初还是自己举荐他来守卫宁远的，没想到这个人这么快就到了。

说起满桂，完全可以称为没有进取心的代表。他在军中几十年，居然还只是个百户。并不是他杀敌不积极，相反，他杀的敌人，可谓不计其数。明朝的奖赏制度规定，斩获敌人首级一个，要么升官一级，要么赏银五十两。满桂很实在，每次都要钱，这可能与他当初从军的初衷有关，那就是为了吃饭拿钱。

孙承宗来到关外，见到这个老实人后，发现这个人很有能力。"壮其貌，与谈兵事，大奇之。及出镇山海，即擢副总兵，领中军事。承宗幕下，文武辐辏，独用桂。桂椎鲁甚，然忠勇绝伦，不好声色，与士卒同甘苦。"(《明史》)又懂得军事，还爱兵如子，不好享受，这样的将领实在难得。

并且，孙承宗看上了满桂的少数民族身份，他是蒙古人，当时蒙古部落趁着后金攻打明朝，也不时地干点儿烧杀抢掠的勾当，完全成了后金的帮凶。满桂到来后，利用自己的身份，和这些蒙古部落的首领进行交涉，在他软硬兼施、威逼利诱之下，居然把这些部落制得服服帖帖："善操纵，诸部咸服，岁省抚赏银不赀。"(《明史》)

不仅如此，满桂在经营城池方面很有一套。在他的努力下，宁远由最初的废墟，变成了一座"军民五万余家，屯种远至五十里"的大城。

现在袁崇焕身边已经有四个人了，这些人虽然并不都是他的下级，但在以后的岁月中，他们都成了他的战友。

不知道是不是孙承宗觉得还不够，他又给袁崇焕送来一个人，这个人，是他从刽子手的刀下救出来的。他，就是赵率教。

赵率教一直以来的口碑都不怎么样，因为他实在太能逃跑了。万历时，赵率教已经是个参将了，还是有些战功的。但是没多久，就因被人弹劾丢了官。后来，辽东战事紧急，于是他自己组织人员（就是家丁）开赴前线，到了袁应泰的手下，成了一个副总兵。可惜没过多久，袁应泰兵败自杀，辽阳城破，赵率教立刻逃了。按道理说，他是军中的副总兵，这个时候，是应该组织抵抗，怎么也不能逃跑的，可以说，辽阳城破，赵率教有着不可推卸的责任。

按照明朝的律法，赵率教出现这样的行为只有一个下场，那就是死。不过，他很幸运，他并没有被执行死刑，至于原因，史书上并没有明说，不过分析一下可以发现，当时的辽东那么乱，几乎已经没有什么人可用了，这个时候杀掉一个逃将似乎没有什么用处。

不过，没有杀掉他，不代表这个人会改掉逃跑的毛病。袁应泰死了，赵率教又投奔了王化贞，这一次，他也没有待久。天启二年（1622年），王化贞放弃了广宁城，赵率教又跟着他的长官一起跑了，不过，他没有跑回关内，而是投向了新继任的兵部尚书王在晋。

总是奔波在逃跑路上的赵率教，在军中是不会有什么好口碑的。逃兵，历来是最为人所不齿的人，但是赵率教没办法，只能顶着来自四面八方的嘲笑，因为他确实是逃兵。但是，并不是所有的人都会胆小怕事一辈子。这一次，赵率教要用行动证明，他是大明朝货真价实的军人。

这一天，赵率教找到上级王在晋，提出要收复前屯。当时前屯已经被蒙古人占领，况且在王在晋的成功领导下，整个军队几乎毫无士气可言。这个时候，一向善于逃跑的赵率教主动要求出战，还要到敌人后方去，这不是天大的笑话吗？

王在晋根本就不相信眼前的这个人，于是，他敷衍地问了句，你说要收复失地，那你准备带多少人去？没想到赵率教回答说，三十八人，就是我的家丁们。

王在晋震怒了，这都什么时候了，你还来和我开玩笑，三十八人，那好，你去吧！

没想到，赵率教还真去了。他带着三十八个家丁，就奔着前屯出发了。结果，还没到前屯，赵率教说，前方有蒙古大军驻守，我们就不往前走了，就在这个地方驻扎下来就可以了。

这个地方，叫中前所。

没过多久，游击鲁之甲奉孙承宗之命，整编难民六千人，来到前屯驻扎，并把守卫在这里的蒙古人悉数赶走。趁着这个空当，赵率教总算带着他的人来到了前屯。

到了前屯，赵率教一点儿没敢放松，他立刻开始收编难民，把他们变成军队加以训练，并且设置军府，派人屯田，前屯居然就这么稳定并发展起来。

当孙承宗来到前屯这个地方视察时，发现赵率教已经收容了五六万的难民，并且军队也已经从当初的三十八个人发展到了上万人，而且房屋整齐，农田广阔。孙承宗不敢相信这就是人们口中那个只会逃跑的人做出来的，激动之下，竟然把自己的马车给了赵率教。

事实证明，孙承宗没有看错人，这个人没被杀掉是对的。因为他知道自己的行为是什么性质，夜深人静时，他也会为自己的曾经感到羞愧。但就是这样的人，明白一个最简单的道理，那就是，从哪里跌倒，就从哪里爬起来。

赵率教，是孙承宗送给袁崇焕的第五个人。

袁崇焕、祖大寿、吴襄、毛文龙、满桂、赵率教，这些名字，在当时看来似乎没有什么特别，但是，他们因为孙承宗而聚集在一起，并且最终，将在辽东这片土地上，建立不朽的功绩。

豺狼来了，迎接它的是火炮

天启五年（1625年），时间已是十月，关外的天气总是要冷得多。寒风刮过，刮得人阵阵战栗。一辆马车停在道旁，车边，两个人相对而立，静默无言，这是学生袁崇焕来送别自己的老师孙承宗。良久，一旁的学生再也忍不住，涕泪长流。

孙承宗镇守关外四年间，边防事业卓有成效。"前后修复大城九、堡四十五，练兵十一万，立车营十二、水营五、火营二、前锋后劲营八，造甲胄、器械、弓矢、炮石、渠答、卤楯之具合数百万，拓地四百里，开屯五千顷，岁入十五万。"（《明史》）关外，已经不再是那个让所有官员都不愿涉足一步的地域，而真正成了大明朝的防御重地。这一切，都是孙承宗的功劳。如果这个老人能够继续留在这片土地上，那么，或许明朝和后金的真正对决就不会来得那么早。只可惜，纵使有天大才能，也挡不住宵小之辈的无耻攻击。

孙承宗是东林党人，虽然他远在关外，但阉党对东林党的迫害依然波及了他。孙承宗纵然贵为帝师，深得皇帝信任，但毕竟长期不在皇帝身边，这就被魏忠贤这个小人钻了空子。

因为皇帝十分信任孙承宗，所以想要扳倒他实在不易。另外，这个人手里握有十几万重兵，怎能让他安然待在关外？于是，魏忠贤开始拿辽东战局说事，恰好，当时明军因为冒进，导致了柳河战役的失败，这一下就让魏忠贤抓住了把柄，他立刻组织那些为阉党效命的言官，不分昼夜、分批分次地上奏折弹劾孙承宗。虽然皇帝还没做出什么反应，但孙承宗知道，东林党已经垮了，自己再没有任何依靠，如果这个时候能够全身而退，就已经是最大的福气了。

于是，孙承宗主动提出辞职，获批后，告老还乡，离开了他为之苦苦奋斗的辽东。

孙承宗走了，那谁来接任他辽东经略的职位呢？很不幸，朝廷，或者说魏忠贤派了一个无用之人，高第，孙承宗四年的心血，几乎毁于他手。

高第这个人，基本上属于百无一用的书生，不仅如此，胆子还奇小。他看到关外茫茫的土地，竟然没有丝毫的豪迈，反而产生了一个很奇怪的想法，这么大的地方，敌人来了怎么守，到时候守不住，这么多人又该往哪儿逃？这个问题困扰了他很久，于是，他决定，解决掉它。而他的解决方法，就是撤退。

天启五年（1625年）十一月，高第下达命令，大军撤回关内。立刻有人不干了，袁崇焕向高第建言，说此时万不可撤退，只可惜高大人不听，仍然坚持撤退。气愤之下，袁崇焕发誓："我宁前道也，官此当死此。必不去。"（《明史》）于是，当大军浩浩荡荡地撤回山海关，沿途百姓背井离乡、哭声震天时，只有一座城池仍然有兵把守，那就是宁远。

很快，努尔哈赤就带兵来攻，天启六年（1626年）正月二十三日，大军抵达宁远，开战前，努尔哈赤让一个汉人入城充当使者，告诉守城的人，说："吾以二十万兵攻此城，破之必矣，尔众官若降即封以高爵。"（《清太祖武皇帝实录》）没想到，城中之人很快就回信，说："汗何故遽加兵耶？宁锦二城乃汗所弃之地，吾恢复之，义当死守？岂有降理？乃谓来兵二十万，虚也，吾已知十三万，岂其以尔为寡乎？"意思是：这座城你不是不要了吗，干吗还杀回马枪？再说了，我知道你根本就没有那么多人，不用唬我，要打就打，我是不会投降的。

努尔哈赤愤怒了，这是第一次有人轻视他的战斗力，既然这样，那就打吧。

此时的袁崇焕，召集了所有留下来陪伴他的将领，刺破手指，写下了血书，然后，朝着这些人深深行礼。"诸位，从此刻起，再无退路，城在我在，城破我亡，宁远，要么是后金的地狱，要么就是我们的。"

当所有人的斗志和热血都被激发出来后，袁崇焕立刻开始了紧张的部署。首先，他令人将城外的所有房屋一律烧毁，所有防御设施能搬回的搬，不能搬的就地毁了，绝不留给后金任何东西做屏障，这一招，叫作坚壁清野。而后，命人在城中清查人口，找出后金的奸细。努尔哈赤很喜欢搞里应外合的一套，只可惜这一次他的对手是袁崇焕。袁崇焕早就知道努尔哈赤的做法，所以在开战前，就将自家门庭清理殆尽，不给努尔哈赤留任何机会。

继而，袁崇焕制定了详细的作战方针，命总兵满桂守城东，副将左辅守城西，参将祖大寿守城南，副总兵朱梅守城北，满桂作为援军，援应各处。而袁崇焕则坐镇于城中，统领全局。

此时，宁远城中，连守兵带百姓不到两万人，面对城外号称二十万的敌人，人心自是不定。为了稳定人心，袁崇焕给驻守在前屯的赵率教、山海关的杨麒送去消息，一旦看见从宁远逃回的人，无论是将士还是百姓一律斩杀。此举一出，人人皆知袁大人的决心，人心一下安定。

二十四日，后金大举进攻，努尔哈赤知道宁远城不同于一般城池，城墙极高，于是，他命人将一种战车推上战场，由这种车挡在前面，掩护士兵朝城上发起攻击，而不受来自城楼上的弓箭和石头的伤害。这其实是一套很不错的作战计划，只可惜，袁崇焕有比战车更加可怕的武器——大炮。

明朝的火器已经到了十分厉害的程度，而此次战役中使用的，并不是明朝自己建造的，而是从西洋引进的红夷大炮，这种火炮射程远、威力大，袁崇焕将从京城调来的十一门大炮依次列于城墙之上，并派人培训炮手。当后金的军队开到城下时，他们才知道自己面临的是一个怎样恐怖的境地。

伴随着一声声巨响，后金士兵被震得还没反应过来，就已经脑袋开花了。炮声一声接着一声，从天而降的炮弹把后金军队打得四分五裂，战车什么的，此时早已被炸成灰烬。

就在红夷大炮发威的时候，袁崇焕却在城中和从朝鲜来的使者交谈甚欢,当第一声炮响时,使者吓了一跳,袁崇焕只是笑了笑,说:"贼至矣!"(《春坡堂日月录》)说着他打开窗子,让使者看看战况,这个朝鲜人恐怕是第一次如此近距离地面对战争,他的描写很是生动:"地炮大发,自城外遍内外,土石俱扬,火光中见胡人,俱人马腾空,乱堕者无数。"大炮一发,后金的人居然都被震到天上去了,这样的威力,实在是令人胆寒。

当然了,使用大炮就免不了要填充炮弹,而这个空当,袁崇焕也没让敌人歇着,大炮没有了,还有火枪和火药罐,总之,凡是能点着的,能爆炸的,一概往城下扔,直打得努尔哈赤叫苦不迭。

后金一看,强攻是没戏了,干脆改挖墙脚吧,能把城墙挖破,也是可以进城的。这个想法很好,只不过不起作用。在后金军队的努力下,城墙确实被挖出了几个大洞,但是,城就是不塌,为什么?天太冷了,连地基带土壤都被冻住了,怎么凿都不管用。

袁崇焕当然不能眼睁睁看着敌人凿自己的城墙,于是,不知道是谁发明出了一种新式武器,用棉花裹上浸了火油、包了炸药的稻草,朝城下扔去。大炮毕竟因为射程的原因,有些死角是打不到的,而这种新武器就完全解决了这个问题。

努尔哈赤没有捞到任何好处,反而死伤无数,而这个时候,士气明显出现了问题,面对明军的大炮和不知道是什么的武器,后金的士兵们都不愿意再卖命了。无奈之下,努尔哈赤只得下令,暂时停止进攻,待明天再来。

努尔哈赤停止了,停止在了最不该停止的时候。虽然明军的武器很先进,但毕竟人数太少,一天的战斗下来,损伤也是很多的,而袁崇焕是经不起这样的折损的。明日，将是最后的决战。

二十五日，后金再一次发动攻击，明军自然也是用大炮对付。只不过，一发炮弹出去后，袁崇焕看到后金军队有明显的退去之势。这是怎么了，一发炮弹就把他们打跑了？那昨天怎么没这个效果？袁崇焕怎么也想不明白。

其实道理很简单，因为这一炮，打中了一个重要的人物，具体是谁，史书上没有统一的说法，明朝说打中的是努尔哈赤，但清朝的史书又不承认，谁也没有亲眼见过，所以，姑且认为是一个非常重要的人物，重要到他的受伤，可以让所有的后金军队丧失全部的战斗力。

战斗就这么结束了，以后金的惨败、明军的胜利告终。努尔哈赤非常不甘："帝自二十五岁征伐以来，战无不胜，攻无不克，惟宁远一城不下。"(《清太祖武皇帝实录》)宁远，最终成了他的噩梦。

面对重重包围，袁崇焕显示出了一个将领应有的勇气和责任，誓与宁远共存亡，袁崇焕用行动说明了这不是一句口号，而是一句誓言，一句要用血来铸就的誓言。作为学生，袁崇焕做到了对老师的承诺，他仅凭一己之力，在既无退路也无援军的困境中，守住了宁远，守住了关宁防线。

认真地活,忠烈地死

桌案上,一盏烛火,孙承宗坐在桌边,仔细地校对着刚刚写好的文字,这是他毕生所学的总结,是他一生心血的结晶。著书立说,本就是读书人留名千古的最好途径。只不过,孙承宗并不想通过几本书在史书上留下名字,他只希望有人能够重视他的所思所想,只希望一生辛苦不会付诸东流。

马蹄声,喊杀声,已经离他远去,但空气中似乎仍能嗅出丝丝热血的味道。年迈的孙承宗知道,自己这一生,已经不可能再上阵杀敌、保家卫国了。但壮志未酬,胡虏未灭,心有不甘。

几年前,因为东林党败,孙承宗无奈之下只得上表乞求归里养病,临走前,他将未竟的事业交给了他的学生袁崇焕。他相信,这个人能够忠心为国,直到死去。大明朝收复失地的重任,只有这个人能完成。

这话说对了一半,袁崇焕确实一直到死都保持着对大明的忠诚,只不过,他并没有完成光复国土的任务。

关宁防线是坚固的，众多的战斗经验证明，这是一道不能正面冲破的屏障，于是，皇太极采取了一个迂回的方法，取道蒙古，直接进逼北京，史称"己巳之变"。

"己巳之变"造成的后果是十分残酷的，袁崇焕下狱，满桂战死，当年的几大猛将现今已经所剩寥寥。这时，真正的救世者出现了。

孙承宗回来了，在他已经六十七岁的高龄时回来了。当年因为魏忠贤，功劳卓著的他无奈之下只能告老还乡，这期间无人问津，寂寞孤独还有无尽的失落是别人无法理解的。如果换成别人，应该会对朝廷怀有怨恨，应该会发誓这辈子再也不为这个伤害了自己的政权效力。但是，孙承宗不是别人，对他来说，保家卫国是责任，是义务，无论是身处庙堂，还是隐居草泽，都应该随时准备为了国家献出一切。

皇帝把孙承宗召回后，给他在原来的官职上加任少师，兼太子太师、吏部尚书、中极殿大学士，后改兼兵部尚书。给了你官，就是要你办事的，京城已危难至此，祖大寿因为看到袁崇焕的下场竟率军弃京城而去，这些，你都打算怎么办？

孙承宗自然有办法，他立刻写下一封信，命人交给祖大寿，祖大寿见到当年老领导的信，自然是悉数照办，马上上表说明自己退兵的苦衷，然后又表示要立功赎罪，再加上孙承宗在一边说好话，皇帝竟然没有追究祖大寿的罪过。

事情说开了，孙承宗马上召集祖大寿和马世龙，这两个人手下的部队都是当年的辽东军，有了这些军队，应该可以抵挡皇太极了。

此时皇太极已经率军退回了关外,但留下了大量的军队驻守滦州、迁安、遵化、永平四个重镇,这对京城依然是个巨大的威胁。孙承宗自然不会容卧榻之旁他人鼾睡,他带领着手下两支强劲的辽东军,朝着这四个镇进军。

此时孙承宗已经六十八岁了,但皇太极依然没敢轻看这个老人,他派手下的大将阿敏率领部队前去应对,可是,毫无悬念地被孙承宗的大炮给打回去了。没过几天,这四个镇全数被孙承宗收回。消息传回,朝廷内外,一片欢腾。

转机似乎来了,孙承宗在,胜利的消息就会一直传回来。然而美好的愿望往往会落空,这次也不例外。

孙承宗出关后,立誓重建被高第毁掉的大凌河、右屯二城的城防,巩固关宁防线。他派祖大寿修筑大凌河的城墙,可是,就在祖大寿奋力修墙的时候,皇太极就来了。

后金部队将大凌河团团围住,并且将孙承宗派来的援军全部打溃。最后,祖大寿在城里实在顶不住了,已经到了人吃人的地步,无奈之下,只得开门投降。

大凌河之败后,一直以来的好局势就此止步,孙承宗再次成了众矢之的。这就是他所效力的朝廷,他所保卫的人。没办法,孙承宗再次上疏乞归,皇帝为了安抚局势,批准了他的请求。

呼之即来,挥之即去,这已经不是一个有功之臣应有的待遇,这是对一个工具的态度。很不幸,孙承宗居然成了一个工具。

自此,辽东这片土地和孙承宗的缘分,尽了。

回到家乡后，孙承宗尽力尝试去过一段安定舒心的日子，"家居七年，中外屡请召用，不报"（《明史》）。只可惜，此时的大明朝，气数将尽，安心的日子，也是过不久了。

崇祯九年（1636年），皇太极改国号为清。

崇祯十一年（1638年）十一月九日，大清军队到达了一个名叫高阳的小城，这本来是个不起眼的小地方，但是，当得知城中所住的人时，清军震惊了。因为此地是孙承宗的故乡，退休在家的他，就居住在这里。

其实当时的高阳，基本可以看作待宰的羔羊，因为城中既无守军，又无将领，有的，只是一城手无寸铁的百姓。而孙承宗，似乎成了他们唯一的希望。

清军并没有发动攻击，而是派出使者围着城墙大声地呐喊，内容基本是劝降。可没想到，换来的是孙承宗在城墙之上严厉的拒绝。

清军无奈之下发动了攻击，其实何须猛攻，对于这么一个弹丸之地，基本上一轮进攻就可看到成效，但别忘了，此时站在城墙之上的，是孙承宗。

当看到清军到来时，孙承宗没有慌张，他召集全家上下四十余口，然后找到了所有可以充当武器的用具，带着家人，上了城墙。

这一次，没有援军，没有神助，只能靠孙承宗自己，这个国家亏欠这个老人的实在是太多了，这样一个有功于社稷的人，竟然会蜗居在一个不起眼的县城，周围没有任何的保护。如今，敌人的铁骑就在面前，他居然还要负起保护城池的责任。

当清军看到出现在城墙上的人时,一时之间还有些惊慌,但仔细一看,才发现人群中,竟然掺杂着老弱妇孺,这座城市,似乎倾巢出动了。

在暴力面前,正义虽然会被打败,但永远不会被征服。

第二天,高阳城破,孙承宗被俘,孙氏一家四十余口,尽数殉国,满门忠烈。

面对这个风烛残年的老人,清军表示出了极大的敬意。虽然他构筑的关宁防线把清军的脚步生生挡在了关外几十年,虽然他培养的学生让清军铩羽而归,但这个人,是个奇迹,是个如神一般的存在,在他的身上,有一种东西,是他们这些人所不能理解的,这种东西,叫作气节。

于是,又是一轮一轮的劝降,但似乎清军也明白,让这么一个人投降,是这个世界上最不可能发生的事情。

所以,当孙承宗正如清军预料的那样拒绝后,清军表示理解,并且给了他一个在他们看来极高的待遇,自尽。

孙承宗整顿衣冠,从容就死。时年七十六岁。

孙承宗走了,这个为了大明朝奋斗半生的老人走了。他为大明朝留下的,不仅仅是一道固若金汤的关宁防线,不仅仅是支撑了辽东战局的袁崇焕,也不仅仅是那几本汇聚了他心血的兵法战书,还有一种精神、一种力量。这种力量,在茫茫的黑夜中,如明灯一般为人指路,在凄凄的寒风中让人取暖。这种力量,可以让弱者变得强大,让胆怯者变得勇敢,让人明白生命的意义,也明白究竟应该为什么活下去。

日月无光,天黑黑

孔尚任的《桃花扇》中有一段唱词这样写道:

> 高皇帝在九京,不管亡家破鼎,那知他圣子神孙,反不如漂蓬断梗。十七年忧国如病,呼不应天灵祖灵,调不来亲兵救兵;白练无情,送君王一命。伤心煞煤山私幸,独殉了社稷苍生。

这是驻扎武昌的左良玉闻听京师陷落、朱由检殉国后的一番感慨。崇祯帝比其他的亡国之君幸运的是后人对他的宽容。

史学家孟森曾说:"思宗而在万历以前,非亡国之君;在天启之后,则必亡而已矣!"明朝历经万历、天启两朝后,已经是奄奄一息,到朱由检时要想振兴已是非常困难了。当时各种社会矛盾非常突出:国内是朝廷里结党营私,农民起义连续爆发;关外是后金入侵。不断的天灾,对这个摇摇欲坠的王朝来说更是雪上加霜。朱由检面对如此复杂、风云难测的形势,已是有心救国也无力回天了。加上他自身性情复杂,不能知人善任,没有治国之才,清醒与昏庸集于一身，明朝灭亡已是必然。史学家孟森就指出朱由检"苛察自用，无知人之明"，"不知恤民"。

所以这样一个立志有为的皇帝最终成为一个亡国之君，我们不得不承认这和他自身的缺陷有关系。

翻开明朝的历史，闹剧不断，真是怪事朝朝有，此朝特别多。除了朱元璋、朱棣、朱瞻基、朱祐樘等少数几个明主之外，明朝的许多皇帝都仿佛荒诞剧中的主人公。有几十年不上朝的，有死于红丸的，有热心木工事业的，有微服出行游龙戏凤的，实在是热闹非凡。内有奸宦王振、曹吉祥、刘瑾、谷大用、魏忠贤、王承恩，相继把持朝政，党争不断；外有边患，蒙古、女真相继而起，战事频仍。

等到朱由检即位时，明朝已然日薄西山，妙手亦难回春，但这位新皇帝依然怀有希望，当他雷厉风行地清除了魏忠贤和客氏的势力，肃清阉党之祸后，朝野上下也曾有所期盼。无奈，大明已经病入膏肓，加之崇祯帝虽着力做个英明之主，但又难以避开个性上的种种缺陷。

或许是自幼生活环境的复杂与提心吊胆，直到即位之初朱由检也一直小心翼翼，也由此决定了他多疑、刚愎自用、驭下苛刻而寡恩的性格。他在位十七年中，频繁更迭阁部臣僚，自从杀了袁崇焕后，他越发不信任大臣，多次诛杀督抚大吏。

果真是性格决定人生，虽然他勤于政事，不贪女色，呕心沥血，但他的性格缺陷却又给明朝的统治危机推波助澜。汤纲、南炳文在《明史》中陈述了崇祯的三大短板：一是急于求成，导致了

"功令太严，吏苦束湿"；二是虚荣而刚愎自用，给奸佞之徒钻了空子；三是不信任百官，寄希望于宦官，加重了政治的混乱。

因此，对于朱由检，我们只能说他"心有余而力不足"，想做个力挽狂澜的有为君主，但却亡于煤山的清风明月下。同样作为末代君，比起软弱无能的汉献帝，荒淫无道的陈叔宝，暴虐无常的隋炀帝，人们对于崇祯还是比较宽容的。连他的竞争对手都为他说了不少好话，李自成在《登极诏》中写道："君非甚暗，孤立而炀灶恒多；臣尽行私，比党而公忠绝少。"

孟森先生说："熹宗，亡国之君也，而不遽亡，祖泽犹未尽也。思宗，自以为非亡国之君也，及其将亡，乃曰有君无臣。"的确，比起朱由检，朱由校恐怕更像亡国之君，可他运气好了一点点，早早死掉，把上吊的滋味、亡国的苦痛留与弟弟朱由检品尝。而朱由检也只能在"君非亡国之君，臣皆亡国之臣"的辩护中唏嘘一番。

崇祯皇帝自缢时，在衣襟上留下了遗言，一行是：朕自登基十七年，逆贼直逼京师，虽朕薄德貌恭，上干天咎，然皆诸臣之误朕也。朕死无面目见祖宗于地下，去朕冠冕，以发覆面，任贼分裂朕尸，勿伤朕百姓一人。另一行是：百官俱赴东宫行在。

"巍巍万岁山，密密接烟树。中有望帝魂，悲啼不知处。"三百多年的光阴流转，究竟是海棠树，还是古槐背负着罪名，后人已不得而知，但大明王朝已随末代君主的魂飞魄散而走到了尽头。